Niklas Vogt

Abriß einer Geschichte von Mainz

Erster Teil: Von den ältesten Zeiten bis auf die Herstellung des Landfriedens

Niklas Vogt

Abriß einer Geschichte von Mainz
Erster Teil: Von den ältesten Zeiten bis auf die Herstellung des Landfriedens

ISBN/EAN: 9783743398412

Hergestellt in Europa, USA, Kanada, Australien, Japan

Cover: Foto ©ninafisch / pixelio.de

Manufactured and distributed by brebook publishing software (www.brebook.com)

Niklas Vogt

Abriß einer Geschichte von Mainz

Abriß einer Geschichte von Mainz.

Erster Theil,

von den ältesten Zeiten bis auf die Herstellung des Landfriedens.

Von

Niklas Vogt,

öffentlichen Lehrer der Geschichte auf der hohen Schule zu Mainz.

Frankfurt am Main,
bei Varrentrapp und Wenner.
1792.

Statt aller Vorrede muß ich nur bemerken, daß dieser erste Theil der Mainzer Geschichte schon lange zuvor geschrieben und auch größtentheils schon abgedruckt war, ehe die französischen Armeen in unserm Lande erschienen. Der zweite Theil wird mithin noch zurückgehalten werden, weil darinn zugleich die neuesten und so merkwürdigen Auftritte unsers Vaterlandes sollen geschildert werden. Es hängt nun von der Klugheit und dem reinen Patriotismus meiner Landesleute ab, ob ich Greuelscenen und Verfluchungen, oder Wohlthaten und Segenswünsche beschreiben soll.

Plan
der
Geschichte von Mainz.

I. Buch.

Ehrenvest, oder Geschichte von Mainz im Schweven und Allemannen Bunde. Vom Jahre vor Christi Geburt 58 — 12.

II. Buch.

Drusus, oder Geschichte von Mainz nnter den Römern. Vom Jahre vor Christi Geburt 12 bis nach Christi Geburt 400.

III. Buch.

Karl, oder Geschichte von Mainz im Rheinfränkischen Herzogthum. Von 400 — 800.

IV. Buch.

Hatto, oder Geschichte von Mainz im Faustrecht. Von 800 — 1200.

V. Buch.

Walpoden oder Geschichte von Mainz im Rheinischen Bunde. Von 1200 — 1400.

VI. Buch.

Johann Philipp, oder Geschichte von Mainz im Gedränge zwischen Catholiken und Protestanten. Von 1500 — 1650.

VII. Buch.

Franz Ludwig, oder Geschichte von Mainz im Pfälzischen Familienvertrag von 1724. Von 1650 — 1750.

VIII. Buch.

Politische Betrachtungen über die jetzige Lage der vier Rheinischen Kurthümer.

I. Buch.

Ehrenvest,

oder

Geschichte von Mainz im Schweven und Allemannen Bunde.

Vor Christi Geburt 58 bis 12.

Unsere Väter, die alten Deutschen, verstunden nicht die Kunst, zu schreiben. Von ihren Sagen wissen wir wenig; von ihren Liedern und Heldengesängen beynahe nichts. Die ältesten Geschichtschreiber unsers Vaterlandes sind Fremde (Griechen und Römer). Sie verstunden unsere Sitten, Gesetze und Sprache nicht. Selbst spätere deutsche Geschichtschreiber waren Mönche und Lateiner, die schon vom alten Geiste abwichen, oder barbarisch übersetzten.

Indessen läßt sich theils aus alten Urkunden und Ueberlieferungen, und selbst aus spätern oder fremden Schriftstellern der altdeutsche Geist leicht auffinden. Als Tacitus und Cäsar unser Land kennen lernten, waren offenbar schon Veränderungen vom ersten Zustande sowohl in physischer als politischer Rücksicht vorgegangen. Das westliche Deutschland oder Gallien sah nicht mehr ganz deutsch aus, und selbst am rechten Ufer des Rheins naheten sich schon Boden und Menschen der gallischen Sitte. Die Hauptursachen davon waren wohl die Kriegszüge und Bekanntschaft dieser Völker mit ihren verfeinerten Nachbarn.

Die Natur wirkt in jedem Lande vor der Kunst. Der größte Theil unsers Vaterlandes mag also ursprünglich so ausgesehen haben, wie uns Cäsar und Tacitus Deutschland überhaupt beschreiben. Große und dicke Wälder zogen sich von den Bergen und Hügeln zu feuchten und kalten Thälern herab, zwischen welchen sich Wiesengründe, Sümpfe, Bäche und Flüße schlängelten. Schweine, Hirsche und Auerochsen rennten in den Wäldern. Salmen, Karpfen, Hechte und andere jezt bekannte Fische schwammen in dem Wasser. Schnepfen, Auerhahnen, Habichte und Adler flatterten in der Luft. Feinere Thiere und Gewächse erzeugte hier die rauhe und feuchte Luft nicht. Erst später wurden sie hieher verpflanzt.

Unser näheres Vaterland ist eigentlich ein großes Thal, was zwischen drey schönen Bergreihen liegt. Gegen Osten wird es durch die Bergstrasse, gegen Westen durch den Donnersberg, und gegen Norden durch die Höhe oder die Rheingauergebirge begränzt. Wie drey ewige Häupter der Natur beherrschen der Altkönig, der Melibogus und der Donnersberg die ganze Gegend. Die vornehmsten Flüße unsers Landes sind der Rhein, der Main und die Nahe. Alles zusammen bildet die schönste Landschaft Deutschlandes. In den Bergen liegen schichtenweise Steinkohlen, Schiefersteine und andere Mineralien a). Aus ihnen sprudeln Salz-, Stahl- und Schwefelquellen zur Erfrischung und Gesundheit des Körpers. Der Boden ist gemischt, und beynahe zur Anpflanzung aller Arten von Getraide und Obst dienlich.

a) Auch Silber, Quecksilber ꝛc. siehe unten II. Buch.

Die ursprünglichen Einwohner des Landes mögen sich auch wohl hier so gezeigt haben, wie uns Tacitus alle Germanier beschreibt; und noch sieht man dies alte deutsche Bild über der Höhe. Sie hatten blaue Augen, blonde Haare, große und starke Körper. Fest und muthig stunden sie im Kriege. Im Frieden scheuten sie Arbeit. Stürme und Kälte ertrugen sie standhaft; aber Durst und Hunger mit Ungeduld. Von Jugend auf zum Kampfe gebildet, liebten sie die Jagd, den Krieg und gewagtes Spiel. Thätig und unruhig war ihr Leben im Kampfe mit Menschen und Thieren; aber gut schmeckte ihnen Ruhe und der Schmauß, wenn sie lech und müde nach Hause kamen. Den Weibern und Knechten überließen sie die Wirthschaft und die Kunkel; sie griffen nur nach dem Schwerdte und nach dem Pfriemen.

Spät regte sich in ihrem kältern Blute die Liebe, aber treu und gut hiengen sie an ihren Weibern. Streng war bey ihnen die Ehe, und Keuschheit eine hochgeschätzte Tugend. Jeder begnügte sich mit einem Weibe. Hatte einer auch mehr als eine, so war dies mehr ein Zeichen des Adels und des Fürstenthums, als der Geilheit. Nur die Männer brachten ein Heyrathsgut bey, nicht die Frauen. Die Eltern und Anverwandten waren beym Handstreich, und schätzten die Mitgift. Dieselbe bestund in einem Joch Ochsen, im Kampfpferde und in Waffen. Darauf wurde die Braut heimgeführt. Diese Mitgift sollte dem Weibe nicht zum Spielwerk oder Putze, sondern zur Erinnerung ihrer häuslichen Pflichten dienen. Schon bey dem Handstreich wurde sie daran gemahnet, daß sie dem Manne im Kriege und Frieden, in Leid und Freude, eine getreue Gehülfin werde. Dies zeigte das Gespann Ochsen, dies zeigte das Kampfpferd und das Wappen. So sollte sie leben — so sollte sie sterben, und ihre Tugend auf Kindskinder fortpflanzen.

Man hielt auch die Verletzung der Ehe nicht für Galanterie und feine Welt; und sie glaubten ihr Haus und gemeines Wesen nicht besser bestellt, als wenn die Mädchen in Hoffnung eines Gatten mehr das Haus als den Buhlen liebten. Damal wirkten daher auch gute Sitten mehr, als jezt gute Gesetze. War eine Frau im Ehebruche ertappt, so richtete und bestrafte der Mann selbst in seinem Hofe das Laster. Die Ehebrecherin wurde von ihm nackend mit abgeschnittenen Haaren und in Gegenwart der Verwandten durch den ganzen Gau gepeitscht. Da war keine Gnade mehr. Weder Schönheit, noch Reichthum, noch Adel konnte hier Schonung wirken.

Im Hause giengen sie fast nackend und ohngeputzt, und außer dem Hause diente ihnen allenfalls ein Thierfell, oder ein Küttel, mit einem Dorn auf der Brust geheftet, zur Bekleidung. So wuchsen sie zu Riesen heran. Jede Mutter stillte ihr Kind an ihrer eignen Brust. Weder eine Heb- noch Säugamme trat in dies heilige Geschäft der Natur. Das Kind wurde frühe in Rhein getaucht, und zur Härte gewöhnt. Die Jünglinge hatten eine Art von Kampfspielen, wo sie sich in Waffen übten. Dieser Wettstreit lehrte sie die Kunst; die Kunst die Zierlichkeit.

Auf Trinkgelage und Schmäuße hielten sie viel. Milch, Wasser und Bier war fast ihr Trank; Käs, wildes Obst und Wildpret ihre Speise. Bey solchen Gastmälern wurde gespielt, gesungen und geschwätzt. Da gabens Streitigkeiten und Schlägereyen, aber auch Freundschaft und Friedensstiftung. Oefters berathschlagte man sich hier über das gemeine Wesen, weil man diese

Schmäuße sowohl für wahre als große Gedanken am bequemsten hielt. Sie überlegten auf diese Weise die Dinge zu einer Zeit, wo man andere, und beschlossen, wo man sich nicht betrügen kann.

Gastfreyheit galt viel bey ihnen; und jeder wurde leicht aufgenommen. Auch pflegte man einander Geschenke zu geben, doch ohne daß man so was anrechnete, noch damit verpflichtete.

Von Künsten und Wissenschaften wußten sie wenig, und folglich auch von Reichthum und Ueppigkeit. Kaum daß sie das Feld bauten. Die Weiber und Knechte bestellten das Hauswesen; die Männer zechten, kriegten und schmaußten.

Die Knechte konnte man nicht von den Herren unterscheiden. Sie dienten dem Hause wie Familienhörige. Selten wurden sie mit Schlägen getrieben. Und streckte man auch zuweilen einen todt darnieder, so geschah dies mehr im Ausbruch des Zornes, als der Unterdrückung.

Sie wohnten in keinen Städten und Dörfern beysammen, ja sie haßten dieselben wie Käfige. Jeder Hof oder Hütte war beynahe ein kleiner Staat, welcher sich von seinem Nachbar durch Zaun und Wehre schied. Jeder freye Mann war Herr und Priester in seinem Hause. In häuslichen Dingen richtete er (mit Zuthun der Verwandten) selbst seine Familie, ohne jemand darüber Rechenschaft zu geben. Jedes Glied der Familie mußte Theil an Freund- und Feindschaft derselben nehmen. Die Kinder waren die natürlichen Erben. Es gab kein Testament. Waren keine Kinder da, so gieng die Erbschaft auf Brüder, Oheime, Ahnen. Keine Obrigkeit und vielleicht nicht einmal eine gemeine Gottheit erstreckte sich in eines Mannes Wehre *a*).

a) Mösers Osnabrückische Geschichte. 1. Th.

Indessen thaten sich des Friedens wegen mehrere Familien zusammen, und bildeten um sich eine Marke — mehrere solcher Marken waren ein Gau, und das Ganze eine Art von Staat. Unerhebliche Gemeinsachen ließ man die Grauen und Fürsten schlichten; erhebliche entschieden Alle. Wenn nichts besonders vorfiel, kam man zu gewissen Tägen, besonders bey Neulicht, zusammen. Die Gaudinge wurden gehalten unter freyem Himmel, um ihre Aufrichtigkeit zu bezeugen. Ein Eichbaum oder Felsen war öfters das Maal (mallum) zum Zeichen des festen Wortes und der Bedingung. Beym Schmaußen und Zechen, wo Herz und Mund offen sind, berathschlagte man; nüchtern beschlossen sie. Es war selbst ein Gebrechen der Freyheit, daß keiner zur Versammlung gezwungen wurde. Sie kamen, wie sie wollten, erst nach zwey oder drey Tagen zusammen. Bald sprach ein Fürst, bald sprach ein Grauer, je nachdem ihm Alter und Würde Ansehen gab. Jeder konnte sagen, was er wollte; nur der Priester Stille gebiethen. Waffengeklirre war Zeichen des Beyfalls und des Lobes. Waffen machten den Mann zur Versammlung mündig. Ein jeder Jüngling wurde daher, ehe er als Bürger öffentlich erscheinen konnte, entweder von einem Fürsten, oder einem Verwandten, erst bewaffnet zur Schau aufgetragen, und von der Gemeinde geprüft; dann erst hatte er Sitz und Stimme. Zuvor war er nur ein Hausgenosse; jezt wurde er auch ein Mark- oder Gaugenosse.

Bey einem Gaudinge konnte man auch einen anklagen, und auf Strafe antragen. Die Strafen waren nach dem Verbrechen genau angesetzt. Verräther und Ueberläufer wurden an den nächsten Baum aufgehängt; Feige oder Schandbuben in einem Mistpfuhl oder Morast ersäuft. Diese Verschiedenheit der Strafe hatte ihren Grund in der Art der Brüchte. Staatsverbrecher wollte man auch öffentlich bestrafen, Schandthaten in Vergessenheit vergraben. Aber auch auf Privatverbrechen waren nach Maasgab ihrer Gültigkeit die Strafen angesetzt. Jeder Verbrecher mußte dem beleidigten Theile zur Wehre stehen. Doch konnte man auch seine Brüchte durchs Wehr- oder Friedgeld lösen. Diese Strafgelder bestunden in einer für jeden Fall genau bestimmten Anzahl von Vieh und andern Dingen von Werth, je nachdem man zuvor gemeinschaftlich übereingekommen war. Ein Theil der Strafgelder wurde dem Fürsten oder dem Gaue, ein Theil dem Beleidigten oder seinen Anverwandten ausgezahlt. Auf dem Gaudinge wählte man auch die Richter und Schöppen, welche über die Gaugenossen Recht und Frieden sprachen. Sie fällten eigentlich kein Urtheil, sondern wiesen nur auf vorher bestimmte Brüchte die Gesetze und das Friedgeld aus.

Mehrere Gauen verbanden sich im Nothfalle, und errichteten eine größere Gesellschaft, ein Allemannien. Dieses Allemannien war zur Landwehre ein Heermannien. Könige wurden hier gewählt aus den Adelichen, Herzoge aus den Helden. Die Könige hatten keine unumschränkte Gewalt, und die Herzoge nur ein Ansehen nach Maasgab ihrer Tugend und Tapferkeit. Uebrigens war niemand erlaubt, irgend einen freyen Heermann zu schelten, oder zu schlagen, oder in Stock zu legen, als den Priestern; und dieses zwar nicht als Strafe, oder auf des Herzogs Befehl, sondern gleichsam auf Gottes Urtheil, den sie im Kriege gegenwärtig glaubten. Sie dienten alle unter der Fahne Gottes und der Freyheit. Und, was ihren Muth besonders anfachte, sie fochten nicht in vermischten

Haufen, sondern Bruder neben Bruder, Nachbar neben Nachbar. Im Rücken hörten sie ihre Weiber und Kinder schreyen (die heiligsten Pfänder und Richterinnen ihrer Tapferkeit). Verwundet kehrten sie zu ihren Müttern und Gattinnen, welche die Wunden zählten und aussaugten. Hier hatten sie Atzung und sanfte Pflege.

Nebst diesem Kriege, welcher nur Landwehre zur Absicht hatte, gab es auch noch Fehden. Wenn ein Gau lange in Ruhe und Frieden lebte, thaten sich die muthigsten und tapfersten Jünglinge zusammen, und wählten sich einen Fürsten. Sie zogen zu fremden Völkern, und suchten Fehde. Diese unruhigen Jungen waren dem Frieden nicht hold. Im Kriege war mehr Ehre und im Gefolge mehr Ansehen und Würde zu erfechten. Da hatten sie von ihren Fürsten Kriegspferde und Waffen, Fehdegeschenke und Lehen zu erwarten. Da wurde ihnen nach dem Treffen aufgetischt, und die Beute verlooset. Feinde zu besiegen, und Ehrenwunden zu holen, war ihnen lieber, als das Feld zu bauen, und langsam die Geschenke des Jahres abzuwarten. Auch schien es ihnen feig und faul, das durch Knechtsschweiß zu erbetteln, was man durch Wunden erfechten kann.

Indessen waren diese Gefolge der erste Grundstein zur künftigen Unterdrückung. Adel, Lehenwesen und Alleinherrschaft hatten davon ihren Ursprung. Unter den Gefährten herrschte bald ein großer Wetteifer, wer dem Fürsten zunächst stunde, und unter den Fürsten, wer die meisten und tapfersten Gefährten hatte. Es zeugte von Ehre und Kraft der Fürsten, beständig mit einem Gefolge auserlesener Jünglinge umgeben zu seyn. Dies war im Frieden ihre Pracht, im Kriege ihre Stärke. Ein tapferes und zahlreiches Gefolg machte den Fürsten nicht nur im

Gaue, sondern auch bey den Nachbarn berühmt. Sie empfiengen darob Gesandschaften und Geschenke von fremden Völkern, und ihr Name wurde schon fürchterlich. Kam es zum Treffen, so war es Schande dem Fürsten, an Tugend übertroffen zu werden; es war Schande dem Folger, seinem Fürsten an Tugend nicht zu gleichen. Der wurde aber immer für einen schlechten Kerl gehalten, wer seinen Fürsten im Schlachtfelde verlassen hatte. Ihm gewärtig zu seyn, ihn zu schützen, ihm seine Thaten zuzuschreiben, war Eid und heilige Pflicht bey den Lehnleuten. Die Fürsten fochten für den Sieg, die Leute für den Fürsten.

Hier gab es auch schon Rangordnung und Aufgeboth. Der Fürst konnte schon Adel und Gnade austheilen. Nach seinem Urtheile wurde der Lehnsmann gewürdigt. Das Lehengeschenk verband den Gefährten gleichsam eidlich zur Gewärtigung. Würde und Gewalt erbte sich schon von Vater auf Sohn fort.

Das Band der deutschen Völkerbündnisse war die Religion. Sie hatte den Anstrich eines freyen und wilden Volkes. Sie glaubten, es sey unter der Würde und Majestät der Gottheit, wenn man sie in Häuser einsperren, oder durch irgend ein Bild vorstellen wollte. Von ihren Göttern kennen wir nur wenige dem ächten Namen und Begriffe nach. Die Römer, unsere Geschichtschreiber, suchten in Deutschland auch römische Götzen. Doch lassen sich einige errathen. So verehrten sie den Anfang aller Dinge (Tanfan) vorzüglich; der Kriegsgott Heermann (Irman) galt viel bey diesem tapfern Volke. In ihren alten Bardengesängen lobten sie sich den Teut (Thuisco) als ihren gemeinschaftlichen Vater, ein Kind der Erde (Hertha). Teut hatte einen Sohn, den Mann. Diesem geben sie drey Söhne, wovon die Hauptvölkerschaften Deutschlandes ihren Namen tragen.

Sie weiheten ihren Gottheiten schauerliche Hayne. Das Innere derselben war ihnen ein Heiligthum, was sie mit Ehrfurcht besuchten, und mit Schauer anblickten. Die öffentlichen Gebete verrichteten die Priester, die häuslichen der Hausvater. Ihre Opfer bestunden meistens in Vieh; doch glaubten sie, daß der Götter Zorn, wie der ihrige, auch mit Menschenblut müßte versöhnt werden. Ein Theil ihrer Priester wurde vom Opfern und Abschlachten Blutmänner, ein anderer vom Singen Barden (Skalden) genennt. Sie sangen dem Volke die Thaten der Götter und Helden vor, und ihr feyerliches Lied beseelte die Krieger zur Tapferkeit *a*).

Sie glaubten auch an Wahrsagereyen und Zeichen. Wispelruthen, Vögelflug und Donner waren ihnen von künftiger Bedeutung. Besonders pflegten sie das Wiehern der heiligen Pferde zu beobachten. Nicht nur beym Volke, sondern auch bey Priestern und Fürsten wurden solche Mähren hochgeachtet. Denn sie hielten sich nur für Diener, die Mähren für Vertraute der Gottheit.

Vorzüglich schätzten sie die Deutungen der Weiber, und sie ahndeten etwas Göttliches in dem feinern Geschlechte. Alraunen und Feen waren öfters ihre Rathgeberinnen und Wahrsagerinnen. Unter ihren weiblichen Gottheiten kennen wir noch die Erde (Hertha), die Freye (Venus) und die Sonne.

Freyheit schätzten sie als ihr höchstes Gut. In Wall-Halla bey ihren Vätern sitzen, und aus dem Schedel ihrer Feinde Bier trinken, war ihre höchste Glückseligkeit. Im

a) Monumenta Wermii.

Alter erinnerten sie sich ihrer Fehden mit Freude, und vergnügten sich in den Thaten ihrer Söhne. Nichts feuerte ihren Muth mehr an, als Heldengesänge. Im Herzen und auf dem Munde ertönte von Vater zu Sohn das Lied des Krieges und der Minne.

Die Verstorbenen wurden spät bey ihnen vergessen; ja sie glaubten sogar, die Geister in Wolken und Lichtstrahlen zu sehen. Die Leiche wurde ohne vielen Prunk zur Erde getragen. Kostbare Denkmäler verachteten sie als einen den Lebendigen und Todten gleich lästigen Schmuck. Leicht und geschwind giengen ihre Thränen, aber spät ihr Schmerz vorüber. Die Weiber mochten wohl um den Verstorbenen winseln; die Männer dachten an ihn.

Dies ist, nach Tacitus, das Bild aller Deutschen. Nun wollen wir auch jene Völker kennen lernen, welche vorzüglich unser Land bewohnten. In unsern Gegenden mochten wohl am linken Ufer des Rheins bis über die Nahe hinaus die Nemeter, Wangioner und Tribocher gelebt haben. Diese schienen flüchtige Menschen gewesen zu seyn, schon an gallische Sitten und Gebräuche gewöhnt. Ihre mißliche Lage in der Mitte von mächtigen Freunden oder Feinden machte, wie heut zu Tage, ihre Verfassung und politische Theilnahme bedenklich. Erst zwischen Galliern, Deutschen und Römern, dann zwischen Franken und Allemannen getheilt, mußten sie schon damals umsichtlich oder in öffentlichen Händeln schwankend werden. Die künftige Geschichte wird diese Züge deutlicher machen.

Jenseits des Rheins und über der Höhe wohnten festere Männer, die Hessen (Chatti) und ihre Abkömmlinge die Mattiaker und Usipeter. Diese letztern mögen wohl das heutige Rheingau, das Usinger Land, das Kasseler Amt und die Grafschaft Königstein besessen haben. Ein Theil davon zog sich über den Main in die Bergstrasse. Diese Nation wird von Tacitus hochgeschätzt, und jezt sieht man noch in ihren Nachfolgern das Bild der alten Katten.

Von Alterthümern und Denkmälern haben wir aus dieser Zeit wenig mehr übrig; aber doch einige Spuren. Die grossen Werke der Natur stehen jezt noch, wie ehemals, als ewige Altäre der Gottheit. Der Donnersberg, der Chattenelenbogen und der Altkönig haben ihre alten Namen und Grösse. Auf allen diesen Bergen bietet sich dem Auge die schönste Aussicht dar; und besonders herzerhebend ist es, auf dem letztern die Sonne aus der nächtlichen Dämmerung emporsteigen zu sehen. Der Rhein, der Main und andere Flüße heissen jezt, wie zu den Zeiten des Cäsars und Tacitus, und der Rheingau hat seine alten Gränzen. Auch von religiösen und politischen Anstalten findet man noch Spuren in unserer Gegend. Bey dem Amte Dieburg im Isenburgischen zeugen die Namen einiger Pläze und Ortschaften, daß dort ein heiliger Hayn muß gewesen seyn. Die Oerter Götzenhayn, Imhayn und Dreyeich sind vermuthlich auf eine den Deutschen heilige Statt gebaut worden. Imhayn muß das Innere des Heiligthums gewesen seyn, welches, wie die Geschichtschreiber sagen, unsere Väter nie ohne Schauder betreten haben.

Der gelehrte Gärtler hat auch, als er noch Pfarrer zu Bingen war, im Binger Wald Spuren von Steinen entdeckt, welche in einem Kreise liegen, und offenbar von einer deutschen Versammlung zeugen. Wisbaden ist ohne das unter dem Namen Aquae mattiacae bekannt a).

a) Wo ich keinen besondern Schriftsteller anführe, bin ich das ganze Buch hindurch pünktlich dem Tacitus *de mor. Germ.* gefolgt.

II. Buch.

Drusus,

oder

Geschichte von Mainz unter den Römern.

Vor Christi Geburt 12 bis nach Christi Geburt 400.

Die erste merkwürdige Staatsereigniß, wovon uns die Geschichte unsere Vorfahren als Theilnehmer angiebt, ist der große Schwabenbund, welchen man auch füglich als die Grundlage des deutschen Reichs ansehen kann. Als Julius Cäsar die römischen Adler auch in Gallien festgründen wollte, fand er diesen Völkerverein diesseits des Rheins gegen ihn verbunden im Felde. Die rheinischen Gauen hatten einen muthigen und klugen Fürsten an ihrer Spitze, dessen Namen schon Ehrfurcht einflößen sollte. Ehrenvest (Ariovistus), so hieß der König, führte seine Heermänner gegen die Legionen an. Lange unterhandelte er mit den Römern; doch endlich sollte die Sache durch den Degen entschieden werden. Bey Bisanz kam es zu einer Schlacht; die römische Kunst siegte über die deutsche Tapferkeit. Der Völkerbund wurde wenigstens diesseits des Rheins getrennt. Unsere Väter, die Tribocier, Nemeter und Wangionen zogen nach ihrer Heimath. Cäsar gieng bald darauf, unter den Römern der Erste, über den Rhein. Er kam, sah — und beschrieb unser Vaterland a).

a) Caesar *Com. de bello gallico.* — Veni — vidi — descripsi.

Die Triumphe des großen Cäsars ließen seinen Nachfolgern keine Ruhe. Der junge Drusus, ein Stiefsohn Augusts, wollte das gegen Deutschland ausführen, was sein Ahnherr angefangen hatte. Nachdem ihn August als Feldherrn in Gallien hinterlassen hatte, gieng er über den Rhein, und drang tief in die deutschen Wälder. Er zog hauptsächlich die Flüße hinauf, weil die Römer hier im Lande noch keine Heerwege und Kundschaft hatten. Die Deutschen zogen sich zurück in ihre Wildnisse, und Drusus hatte das innere Deutschland auch mehr gesehen als besiegt. Mehrmalen unternahm er solche Züge ins Innere des Harzwaldes, doch ohne große Fortschritte und Eroberungen.

Durch diese beynahe fruchtlosen Unternehmungen belehrt, schien der junge Held besonders unsere Gegend zum Hauptpunkte seiner ausspringenden Operationslinien gemacht zu haben. Er mußte sich erst des Rheines und anderer nahen Flüße versichern, theils um seinen Rücken zu decken, theils um seine Züge und Wege zu sichern. Er legte daher an allen Hauptflüßen und am Rheine allein über fünfzig Vestungen an, und war auf diese Weise der Gründer unserer Vaterstadt *a*).

Moguntiacum wurde auf das hohe Rheinufer, dem Ausflusse des Mains über, erbaut, und beherrschte rechts und links, vor- und rückwärts, die ganze Gegend. Auf den vier Seiten der Vestung ließ Drusus noch kleine Vorwerke aufwerfen. Eines davon lag im Rücken gegen Gallien, und heißt noch von ihm Drais; das andere deckte bey Weißenau die rechte *b*), und das dritte auf dem

a) *Florus epit. rer. rom.* L. IV. C. XII.

b) Es wird noch in den Urkunden Burgstädl genennt. Guden. *Cod. dipl.* Urkunde CCLXIII.

Hartenberge die linke Flanke; das vierte diente über dem Rhein als eine Schutzwehre der Brücke, welche er über diesen Fluß bauen ließ, und gab dem Orte Castel den Namen. Von diesem letzten aus wurde auf die Höhe des Taunus noch eine andere Burg gegen das Hessenland angelegt, von der man der Hauptvestung auf alle Fälle Kundschaft geben konnte. Pingium (Bingen), Alta villa (Eltvill), und andere Orte wurden in unserm Lande vermuthlich von ihm gepflanzt. Mainz war Hauptstadt des obern Germaniens.

Durch diese Anlagen und Operationen des Drusus schien sich auf einmal die Gestalt unsers Vaterlandes zu ändern, und der deutsche Geist allmählig dem römischen zu weichen. Aus den Wäldern der alten Germanier stiegen römische Castelle, Städte und Palläste hervor *a*). Die frischen Quellen und Bäche (bey Finden und Brezenheim) wurden stundenwegslang auf prächtigen und hohen Bogenreihen in die Stadt geleitet *b*); die Abwege und Wüsteneyen durch feste und grade Heerstraßen durchschnitten, und vom Rheine bis nach Rom gebahnt *c*). Inseln und

a) Moguntiacum (Mainz), Bingium (Bingen), Castellum (Cassel), Castellum Drusi (Drais), vielleicht auch Laureacum (Lorch unter Bingen), Alta villa (Eltvill), Vinicella (Winkel), Consulis villa (Gonzenheim), Praedium ad Ciam (Brezenheim) rc. Noch findet man die Spuren von den alten Vestungsmauern von Mainz, Kassel, Bingen rc. Nach P. Fuchs Untersuchungen lag die Vestung Moguntiacum auf dem Berge, welchen man heut zu Tage den Jakobsberg, oder Stephansberg, oder Kästrich (Castellum), oder Linsenberg nennt.

b) Siehe die Bruchstücke der schönen Wasserleitung hinter Zahlbach.

c) Man findet noch Spuren davon auf dem Wege von Mainz über Weißenau, Nackenheim rc.

Länder verband man durch steinerne Brücken *a*). Auf dem Rheine und andern Flüßen kreuzten römische Schiffe *b*), und auf Hügeln und Vesten prangten römische Adler und Siegeszeichen *c*).

Der freye Deutsche mußte sich binden und hinrichten lassen. Zum erstenmal hörte man römische Gesetze, sahe Fasces *d*), und was zuvor nur der Priester im Namen Gottes wagen durfte, that nun ein Lictor auf Befehl des Imperators. Der aufgebothene Heermann wurde unter die Legionen versteckt, und mußte als Werkzeug der Herrschsucht, oder als Verräther seiner Brüder dienen *e*).

Da, wo zuvor die unbegreifliche Gottheit unter freyem Himmel, oder im heiligen Hayne verehrt wurde, stunden jezt römische Altäre und Götzenbilder *f*), oder versteckten sich heimlich christliche Kirchen g). Man sah keine

a) Im Rhein bey den Mühlen kann man noch bey kleinem Wasser die Pfeiler bemerken. — Sie heißen im gemeinen Tone die Arken (Arcus).

b) Naves lusoriae.

c) Der Eichelstein, die dreyeckigte Säule des Drusus.

d) Ut primum togas et severiora armis iura viderunt, arma — corripiunt.

e) Schon Cäsar bildete aus Deutschen einige Cohorten, welche ihm den Pompejus und folglich Rom bezwingen halfen. Wir finden auch schon eine Menge Deutschen mit römischen Namen.

f) Fuchs hat eine Menge merkwürdiger Götzen gesammelt, und behauptet, daß die Mutter Gottes Kapelle auf dem Jakobsberg ein Tempel des Mars gewesen sey.

g) Wenn auch die Sage von Crescens und andern Mainzer Bischöffen Fabel ist, so gab es doch wenigstens unter Konstantin schon eine Menge Christen und Kirchen im hiesigen Lande. Die Crescens-, Hilarius- und Aureuskapelle datiren ihre christliche Weihe gewiß sehr frühe.

keine deutschen Kampfspiele mehr, sondern römische Decursiones *a*). Man schwamm nicht mehr im offenen frischen Rhein, sondern in köstlichen üppigen Bädern *b*); und statt der Bardengesänge ertönten Virgilische Epopeen oder Ovidische Liebeslieder *c*).

Den Legionen und Veteranen wurden auch Länder angewiesen, welche sie mit fremden Früchten bepflanzten, und als ihr Erbe und Eigenthum bauten *d*). Sie ließen sich hier häuslich nieder, vermischten sich mit deutschen Weibern *e*), und hatten ihre Heimath und Municipalitäten. Die Deutschen selbst nahmen bald römische Sitten und Gebräuche an. Sie erlernten fremde Künste, Wissenschaften, Ueppigkeiten und Namen, wovon sie zuvor weder die Gegenstände, noch Worte kannten. Ein neuer Geist schien unser Vaterland überwältigt zu haben.

a) Fuchs giebt das Runde Thal am sogenannten Stahlberge oder Hipperich als ein Kennzeichen von einem alten Amphitheater, und h. Kreuz als den Metam ludorum an. — Exercitus honorarium ei tumulum excitavit; circa quem deinceps stato die quotannis miles decurreret, — Sueton. *in Claudio* C. 1.

b) Gärtler entdeckte ein schönes Bad im Binger Walde.

c) Siehe die Lobgedichte der römischen Dichter auf die Siege der Kaiser.

d) Der Name Vinicella mag schon darauf deuten. Sogar Bergwerke wurden angelegt. Curtius Rufus — in agro mattiaco recinserat specus quaerendis venis argenti; unde tenuis fructus nec in longum fuit. Tac XI. *annal.* C. 20. Dieser Ager mattiacus war vermuthlich der Rheingau.

e) Daher mag es auch schon damals unter den zuvor blauäugigen und blondhaarigen auch braune und schwarze Bewohner hier gegeben haben. Viele alte Bilder des Mittelalters lassen es vermuthen.

Drusus hatte jezt Mainz zum Hauptplatze seiner künftigen Unternehmungen gemacht; und unsere Stadt schien der Punkt zu seyn, wovon aus das herrschsüchtige Rom Deutschland entweder kultiviren, oder bekehren, oder regieren, oder unterjochen wollte. Auch hat Natur und Politik von jeher dazu den Wink gegeben. Die Römer hatten noch keine Heerwege und Kundschaft im Innern von Deutschland. Sie mußten sich der Weisung der Flüsse bedienen. Die nördlichen Gewässer führten sie nicht zu ihrem Zwecke. Von Mainz aus den Main hinauf war wohl die beste Operationslinie. Dieser Fluß scheidet das nördliche und südliche Deutschland; dieser Fluß bahnte ihnen so auch die Wege rechts und links, wie es die Umstände foderten.

Der letzte und Hauptzug des Drusus hat sich schon durch diesen Weg ausgezeichnet. Er gieng von Mainz aus längst dem Main hinauf; fiel erst rechts ins Land der Schweven, sodann kehrte er linksum, überfiel die Hässen, durchzog das Land der Herusker, und drang endlich bis an die Elbe vor, wo er ein Siegeszeichen errichtete. Weiter kam dieser edle Jüngling nicht. Auf seinem Rückzuge stürzte er vom Pferde, und starb an einer Wunde zwischen der Sale und dem Rhein. In Mainz und Rom wurden ihm Denkmäler errichtet *a*), Begängnisse

a) Der Eichelstein, die dreyeckigte Säule, und sein Bild siehe in Fuchs Geschichte von Mainz. — Auf diesem letzten Ehrenmaale ist die ganze Figur des Drusus mit Waffen gebildet gewesen, mit der Umschrift: IN. MEMORIAM. DRUSI. GERMANICI.

Eutrop. *in brev. hist. rom.* l. VII. C. 8. sagt: *Drusi*, qui apud Moguntiacum monumentum habet. *Vid.* Suet. *in Claud.* C. 1. Exercitus honorarium ei tumulum excitavit: circa quem dein-

und Leichenreden gehalten. Er und seine Familie erhielten den Beynamen Germanicus.

Drusus hatte durch seine Unternehmungen den Römern den Weg gezeigt, auf dem sie Deutschland erobern müßten; und sie folgten ihm. Sein Sohn Germanicus bezwang auf diesem Wege die Herusker, und rächte die den Römern zugefügte Unbild nach der Niederlage des Varus. Er stellte die Herrschaft und Vestungswerke wieder her. Auf ihm bestrafte der Legat Pomponius die Hässen, welche über den Rhein giengen, und die Gegenden um Mainz verwüsteten. Ihn wandelten Trajan, Alexander Severus, Probus und Julianus, und waren darauf allezeit glücklich und siegreich.

Mit dem Aufenthalt des Kaisers Julian endigte sich der Römer Herrschaft zu Mainz und in Deutschland. Es war ferner hier an keine Eroberung mehr zu gedenken. Die Deutschen drangen auf allen Seiten in das römische Reich; und die Römer, welche ihnen die Ketten schmieden wollten, wurden selbst ihre Sklaven. Die verwickelte römische Staatsverfassung konnte am Rheine nicht lange wurzeln, fieng sie doch in Rom selbst an zu wanken. Die Römer lockten die Deutschen aus ihren Wäldern, und sie lernten von ihnen die Kunst, zu erobern und zu herrschen.

Wie wankend die Römerherrschaft in unserm Lande war, lehrt die Geschichte dieses ganzen Zeitraums. Es ist ein ewiger Wechsel und Kampf zwischen herrschsüchtigen Römern und freyen Deutschen. Kaum war Drusus todt, so thaten sich die Deutschen zusammen, und schlugen

ceps stato die quotannis miles decurreret, Galliarumque civitates publice supplicarent. —

den Varus. Germanicus stellte freylich die Sachen wieder her; allein nach seiner Abreise bildete sich ein neuer Bund unter unsern Vätern, der den Römern um so gefährlicher war, weil selbst ihre Legionen mit hineingezogen wurden. Auch ist dieser rheinische Verein sehr merkwürdig für unsere Geschichte; denn die Bewohner unserer Gegenden nahmen Theil daran, und auf unserm Grund und Boden wurde geschlagen.

Civilis, ein edler Bataver, welcher Namen und Künste der Römer angenommen hatte, reizte alle Völker dieß- und jenseits des Rheins gegen ihre Unterjocher auf. Er wußte seinen Ehrgeiz unter schwärmerischer Vaterlandsliebe zu verbergen, und verband mit aller Schlauheit eines Römers den festen Muth und die Entschlossenheit eines Deutschen. Auch Gallier und Römer lockte er zu seinem Bündnisse. Zugleich bediente er sich noch anderer Mittel, um seine Gefährten im Feuer zu halten. Er besaß, wie Tacitus es anführt, eine hinreißende Beredsamkeit, und zog die Götter und Weiber mit in sein Spiel. Eine gewisse Velleda, die wegen ihren Wahrsagereyen im ganzen Lande im Rufe der Heiligkeit stund, begeisterte den ganzen Bund, indem sie vorhersagte: die Deutschen würden siegen. Alles griff zu den Waffen, die Römer wurden in allen Gauen geschlagen oder ermordet, und Deutschland schien seine alte Freyheit zu behaupten.

Civilis konnte nicht überall gegenwärtig seyn. Er mußte Gehülfen haben. In unsern Gauen war sein Stellvertreter Tutor, ein gebohrner Trierer, und eben so fürchterlicher Römerfeind, als Civilis. Er zog in unserm Lande umher, warb für den rheinischen Bund, nahm Mainz in Besitz, und erschlug die vornehmsten römischen Officiere, die hier in Besatzung lagen.

Diese Fortschritte des rheinischen Heermanniens machten zu Rom zu großes Aufsehen, als daß man nicht schleunig zu helfen gesucht hätte. Muzianus, der in Vespasians Abwesenheit das Heft der Regierung in Händen hatte, schickte sogleich neue Legionen und Feldherren (den Gallus Anus und Petilius Cerealis) an Rhein; ja er nahm sich vor, selbst diesen zu folgen. Bey Annäherung des römischen Heeres fiel ein großer Theil der Gallier, aus Haß und Eifersucht gegen die Trierer, vom deutschen Bunde ab; und Tutor versäumte, den Oberrhein und die Ausgänge der Alpen zu besetzen. Was die Sache noch mehr verschlimmerte, war, daß selbst ein Neffe des Civilis, Julius Brigantius, unter den Römern gegen die Deutschen diente.

Indessen zog die ein und zwanzigste Legion über Vindonissa, und Sextus Felix mit seinen Hülfsvölkern über Rhätien heran. Tutor verstärkte seinen Haufen mit den Einwohnern unsers Landes, den Wangionen, Sarauern und Tribochern ꝛc. Viele Legionensoldaten, sowohl Reiter als Fußgänger, schlugen sich theils aus Hoffnung, theils aus Furcht, zu ihnen, und richteten sogleich eine Cohorte zu Grund, welche Sextilis Felix auf sie losgeschickt hatte. Da aber die Feldherren des römischen Heeres selbst ankamen, schmiegten sich die Einwohner unsers Landes, Deutsche und Römer, wieder unter die Flügel des römischen Adlers.

Tutor, auf die Weise verlassen, zog sich mit seinen Trierern zurück, ließ Mainz rechter Hand liegen, und lagerte sich bey Bingen. Hier glaubte er die Römer erwarten zu können, weil er die Brücke über die Nahe abgeworfen hatte, und durch die Stadt selbst gedeckt war. Allein des Sextilis Cohorten fanden einen Weg durch den seichten Fluß, setzten darüber, und kamen dem Tutor in den Rücken, schlugen und zerstreuten sein Heer gänzlich a).

Nach dieser Niederlage wurden die Trierer und andere Bundesvölker umhergetrieben. Einige ihrer Fürsten flohen in benachbarte Gauen; die zu den Deutschen übergegangenen Römer schwuren dem Vespasian den Eid der Treue wieder, indessen Tutor und sein Gehülfe Valentius alles anwandten, um die Völker im Bunde und in den Waffen gegen die Römer zu erhalten.

So stunden die Sachen, als Cerealis nach Mainz kam. Durch seine Ankunft wurde der Römer Hoffnung wieder gänzlich aufgerichtet. Dieser Feldherr brannte vor Begierde, die Deutschen zu schlagen. Er suchte die Soldaten theils durch Güte, theils harte Worte zu ihrer Schuldigkeit aufzumuntern; ließ die abgefallenen Gauen zum Bündnisse der Römer einladen, und suchte, sobald er konnte, gegen den Niederrhein vorzurücken.

Indessen war Civilis, nach der Niederlage des Tutor bey Bingen, auch nicht müßig. Er rüstete sich von neuem; brachte wieder einen großen Völkerhaufen zusammen, und ließ den Valentius ermahnen, nicht alles gleich gegen die Römer aufs Spiel zu setzen. Dieser Vertheidigungskrieg von Seiten der Deutschen bewog den Cerealis eben, seinen Zug zu beschleunigen. Nachdem er die in den Gauen der Metzer verlegten Legionen aufgeboten hatte, gieng er selbst mit den Soldaten, die er mitbrachte, und in Mainz fand, den Deutschen bis nach Rigol entgegen. Hier wurden die Trierer abermal geschla-

a) Diese Beschreibung der Schlacht und selbst einige römische Bruchstücke lassen vermuthen, daß das alte Bingium dem heutigen gegenüber lag.

gen, und sogar ihre Hauptstadt eingenommen. Allein alle Siege des Cerealis konnten doch weder den Civilis in Furcht jagen, noch seinen Bund völlig sprengen. Der Krieg endigte sich, wie man aus den Bruchstücken des Tacitus schliessen kann, mit einem ehrbaren Vergleiche.

Die Niederlage des Varus und der Friede des Civilis lehrte die Deutschen, ihre Stärke gegen die Römer kennen. Ueberwunden wurden sie meistens, wenn sie einzeln fochten; aber fürchterlich waren sie in einem großen Bunde. Es entstunden auf diese Vorfälle sogleich zwey große und mächtige Bündnisse unter den Deutschen, eins am Oberrhein (das Allemannien), und eins am Unterrhein (das Frankenreich). Die Franken, vermuthlich, wie Möser zeigt, durch den Civilis aufgereizt, kündeten schon durch ihren Namen an, daß sie fernerhin frank und frey seyn wollten; und die Allemannen gaben den Römern nicht undeutlich zu verstehen, daß sie alle für einen Mann stehen würden. Die tapfern und großen Kaiser Probus und Julian hatten schon einen harten Stand zwischen denselben; und späterhin drohten diese fürchterlichen Massen, selbst das römische Reich umzuwerfen.

III. Buch.

Karl der Grosse,

oder

die Geschichte von Mainz im Rheinfränkischen Herzogthum.

Vom Jahre 400 bis 800.

Die zwey grossen Völkerbündnisse, welche durch die Anfälle der Römer am Rheine sich zusammenthaten, fiengen jetzt unter sich an zu eifern, da sie keine fremde Feinde mehr fürchteten. In ganz Deutschland mußte der Sieg des einen über das andere entscheidendes Verhängniß werden. Die Allemannen schienen sich nur der Landwehre wegen verbunden zu haben; die Franken aber zur Fehde. Jene giengen mithin auf Vertheidigung und Sicherheit, diese auf Angriff und Eroberung aus. Wichtig ist dieser Unterschied in der deutschen Geschichte. Der Allemannen Verfassung behielt daher die alte Gaueintheilung und Nationalverbindung; die Franken gründeten sich mehr auf das Fehd- und Lehensistem. Ihre Fürsten und Könige wurden bald Helden und Eroberer; die fürstliche und Lehenwürde erblich; und ihre Vereinigung ein Reich.

Unsere Gauen hatten einen harten Stand zwischen Beiden, in deren Mitte sie lagen. Mainz und der Main schienen beide Reiche als natürliche Gränzen zu scheiden. Unsere Einwohner schlugen sich auf die Seite der Landwehrigen; sie wurden Genossen, wie ehemals des schwevischen, so jetzt des allemannischen Bundes.

Die Fehdgierde der Franken führte sie bald über den Rhein in die geschwächten Provinzen der Römer nach Gallien. Sie eroberten dieselben, theilten sie durch Loß und Lehen unter sich, und kamen durch dieses Glück ermuntert in Deutschland zurück, um auch hier ihr Reich auszubreiten.

Eine einzige Schlacht, welche Hlodwig bey Zülpich gewann, entschied über das Schicksal der Allemannen, und folglich auch der Mainzer. Sie wurden, und zwar als freye Leute, mit dem fränkischen Reiche verbunden, und unsere Gauen ein Theil des Ost- oder Rheinfränkischen Herzogthums, was Hlodwig gleich nach der Schlacht bey Zülpich hier anlegte *a*).

Unter den Begebenheiten, welche eigentlich Bezug auf unser Land haben, sind in diesem Zeitraume besonders die Stiftung des Mainzer Erzbißthums, und die Anstalten Karls des Großen merkwürdig. Ich werde dieselbe in dem Bilde, was ich nun von unserm Lande entwerfen will, füglicher einschalten können, als wenn ich einzelne Bruchstücke und unbedeutende Namen aufeinander folgen lasse.

In dem fränkischen Reiche blieb eigentlich die altdeutsche Verfassung und Sitte als Grundlage des neuen Staates; nur erhielt alles durch die bisherigen Bekanntschaften und Einflüsse einen römisch-christlichen Anstrich. Und dieß mußte sich in unserer Gegend am ersten zeigen, weil sie, wie wir sahen, so frühe Römern und Christen bekannt war. Das Reich wurde nach altdeutscher Art in Herzogthümer, die Herzogthümer in mehrere Gauen oder Grafschaften, die Gauen in Hundreden abgetheilt *b*).

a) Kremer Geschichte des Rheinischen Franziens.

b) Hier gilt eine ähnliche Stelle aus der englischen Geschichte: Regnum Angliae per comitatus (Schiren, Gauen) ut regnum

Unser Land war ein Theil des Rheinfränkischen Herzogthums, machte mehrere Gauen aus, die Gauen umfaßten unbestimmbare Hundreden. Unter den Gauen tragen jetzt noch etliche die alten Namen, nämlich der Rheingau und die Wetterau. Die andern hießen der obere Rheingau, der Nahgau, der Maingau rc. a) Was aber besonders merkwürdig ist, eine eigene und vorzügliche Hundrede, nämlich die Königshundrede lag gegen Mainz über vermuthlich unmittelbar unter den Herzogen.

Jeder Freye durch einen Freyhof (Loß- oder Fehdgut) b) angesessene Mann oder Wehre war Bürger des Reichs und Genosse einer Hundrede oder eines Gaues c). Vermuthlich bildeten sich die Hundreden nach der Anzahl solcher Höfe und freyen Männer (nämlich hundert) und die Gauen nach der Lage der Gebirge, nach Flüssen und

Franciae per ballivatus distinguitur. Comitatus quoque dividitur in Hundredas, Hundredae in villas.

Joan. Fortesculus Des. *Ang.* C. 24.

a) Würdtwein und Kremer haben folgende Gauen von diesem Rheinfränkischen Herzogthume angegeben: — den Uffgau — Wirmgau — Glemsgau — Murachgau — Enzgau — Pfunzinggau — Anglachgau — Kraichgau — Zabernachgau — Gardachgau — Elgensgau — Nekergau — Lobdengau — der obere und niedere Rheingau — Zwischen beyden die Königshundrede — Maingau — Wetterau — Nidgau — Speiergau — Wormsgau — Nahgau — Einrich — Lohngau — Haigerau — Engersgau —

b) Allodium heißt ein Loßgut a Lot, und Feudum ein Fehdgut — oder von Leihen ein Lehngut. Du Cange *voce allodium* — *feudum* etc.

c) Quicunque liber mansos — de proprietate habere videtur, in hostem (folglich auch ad mallum) veniat. *Cap. ann.* 807. C. 1.

Gründen *a*). Sie hatten deßwegen ihre Namen nicht von Personen oder Familien, sondern von der Natur und der Gemeinde *b*). Die Bevölkerung und das zunehmende Wohlleben verwandelte auch bald die deutschen Freyhöfe in Dörfer *c*), und die Römische Vestungen in Städte *d*); selbst Klöster und Kirchen, z. B. Lorsch, Seligenstadt, Amorbach rc. dienten der Bevölkerung und Begründung der Ortschaften *e*).

Jede Stadt oder Gemeinde erhielt ihre eigene Gemeinds- (Municipalitäts), jede Hundrede, jeder Gau seine eigene Gauverfassung und Verwaltung. Ueber eine jede Gemeinde (Hundrede oder Gau) wurde ein königlicher

a) Comitatus in centurias (Hundreden) et in decimas (Thothins, Zehndinge) divisit. Cowel. *apud* du Cange, *voce Hundreda.* Kremer und Würdtwein zeigen dieß sehr deutlich, daß sich nämlich die Gauen nach dem Laufe der Flüsse und der Schneeschmelze gebildet haben. Geschichte des Rheinischen Franziens — *Dioecesis moguntina.*

b) z. B. Rhein-, Main-, Wetter-, Nahgau — oder Einrich, Wormsfeld — rc.

c) Man findet daher noch in unsern Gegenden eine Menge Dörfer und Flecken, deren Namen sich in Weiler (von villa) enden. z. B. Weiler, Winweiler, Laufersweiler rc. die übrigen bekamen ihre Namen entweder von einer Bach, z. B. Mombach, Zahlbach rc. oder von der Heimath, z. B. Hochheim, Kostheim, Astheim rc. oder von einer Burg, z. B. Aschaffenburg, Obernburg rc.

d) Moguntiacum, Castellum, Bingium, Alta villa, Laureacum, Vinicella etc. auch die villae Romanae, z. B. praedium ad Ciam, (Brezenheim) villa Consulis (Gonsenheim) etc.

e) Die meisten heute noch bestehenden Ortschaften können ihr Alter bis auf die Zeiten Karls des Großen erstrecken. Die Urkunden des neunten, zehnten und eilften Jahrhunderts beweisen dieß.

Beamter oder Graf (Comes, Centenarius, Vicarius) gesetzt, welcher in des Königs Nahmen Gericht hielt, die Gefälle bezog, und zum Heerbann führte *a*). Der Graf einer Hundrede (Zentgraf, Centenarius) erkannte nur über geringere Fälle *b*). Wichtige Sachen gehörten auf das Gaumal, Gauding, Gaugericht (mallum, placitum) *c*) oder vor den ausserordentlichen Beamten, den Sendgrafen (missus dominicus). Auf diesen Gaudingen wurden nicht nur die Händel der Gaugenossen angebracht und gerichtet, sondern auch nach Mehrheit der Stimmen die Angelegenheiten der ganzen Gaugemeinde überlegt, abgethan und beschlossen *d*). Jeder wurde nach seinen eigenen

a) Die Pflichten und Obliegenheiten dieser Beamten stehen in kurzem in Markulfs Formeln: Ideo tibi actionem comitatus, ducatus, principatus in illo pago, quem antecessor tuus ille usque nunc visus est egisse, tibi ad agendum regendumque commisimus, ita ut semper erga regimen nostrum *fidem illibatam custodias*, et omnes populi ibidem commanentes tam Franci, Romani, Burgundiones, vel reliquae nationes sub tuo regimine et gubernatione degant ac moderentur, ut eos *recto tramite secundum legem et consuetudinem eorum regas*. Viduis et pupillis maximus defensor appareas, latronum et malefactorum scelera a te severissime reprimantur, ut populi — debeant consistere quieti, et quidquid de ipsa actione in fisci ditionibus speratur per vosmet ipsos *annis singulis nostris aerariis* inferatur. Marculf. l. 1. form. 8.

b) Centenarii de re minima scilicet — minores judices, ministri comitum. *Gloss. Cap.* C. M.

c) Comites et Vicarii vel etiam decani plurima placita constituunt. Hincmar. ep. IV. C. 15. Nullus comitatus teneatur, nisi de mense in mensem. C. 2. L. 52.

d) Volumus ut medio mense Maji conveniant iidem missi, unusquisque in sua legatione — in eo conventu primum christianae religionis et ecclesiastici collatio fiat — Deinde inquirat missus ab universis, qualis unusquisque illorum, qui ad hoc a nobis

Gesetzen gerichtet *a*), und unsre Bewohner vermuthlich erst nach allemannischen, dann, als das Frankenrecht vortheilhafter war, nach fränkischen *b*). Man wählte sich auch noch wie ehemal seine eigenen Schöppen und Schultheißen *c*), und jeder wurde von seines Gleichen gerichtet. Diese Richter hatten nur die Brüchten zu bestimmen, die Strafe war alsdenn von den Grafen und ihren Rechtbürgern in dem Gesetze angewiesen *d*).

Nebst diesen Gerichten über Leib und Gut hatten sie auch ihre Holz-, Hayn- und Gemeingutsgerichte. Jeder Lehn- oder Freymann im Gaue hatte Sitz und Stimme auf denselben. Hier wurde das Gemeinholz und Trift an-

constituti sunt, officium sibi commissum secundum Dei voluntatem ac jussionem nostram administret in populo. — Ut populus interrogetur de capitalis, quae in lege noviter addita sunt. Et *postquam omnes consenserint* subscriptiones et manufirmationes in ipsis capitulis faciant. Cap. an. 803 §. 19.

a) Ut omnes populi ibidem commanentes tam Franci, Romani, et Burgundiones vel reliquae nationes sub tuo regimine et gubernatione degant ac moderentur, ut eos *recto tramite secundum legem et consuetudinem eorum regas.* Marculf. form. XIV.

b) Sieh Montesquieu Esprit des loix.

c) Ut missi nostri cum *totius populi consensu* in locum malorum Scabinorum bonos eligant. *Cap. Lud. pii.*

d) Tum Grafio congreget septem Rachimburgios. Daher auch die genaue Bestimmung der Friedgelder und Strafen, welche man in allen deutschen Gesetzen antrifft. Si pollex abscindatur XX. Solid. Si pollicis unguis abscindatur III. Sol. emendetur. Siquis indicem digitum VIII. Sol. etc. Der Richter, sagt Möser, behielt nicht die Macht von dem linken Zähe auf den rechten zu schließen. Sein Amt war die Gemeine zu fragen, und dieser ihr Recht nach der Abrede zu weisen. Aus einem hartnäckigen Triebe zur Freyheit verbannten sie alle moralische Beweggründe, weil Einbildung und Laune zuviel dabey wirkte.

gewiesen und gehörig ausgetheilt, auf Frevel angeklagt, gerichtet und gestraft *a*). Der heutige Rheingau hat noch, wie seinen alten Namen, so auch sein altes Hayngericht *b*). Die Appellation und höhere Verbindung unsrer Gauen lief bey dem Herzoge zu Franken oder dem königlichen Sendgrafen zusammen.

Diese Verfassung im Frieden war auch ein Herzogthum im Heerbanne. Jeder freye Wehre, welcher vier oder auch drey Hufen Landes besaß, mußte mit Waffen und dreymonatlicher Verköstigung im Heerbanne dienen *c*). Die einzelnen Männer zogen unter dem Hundreden (Centenarius), die Hundreden unter dem Gaugrafen (Comes), die Gaugrafen unter dem Herzoge zu Felde. Diese Rüstung sollte nach dem Geiste der Verfassung nicht zur Fehde, sondern nur zur Landwehre dienen. Sie war unter dem erobernden Karl schon sehr beschwerlich. Um diese Heerbannspflicht einigermaßen zu erleichtern, wurde festgesetzt, daß der Rheinfranke nach Spanien zu von der Loire an, nach

a) Sieh Möser Osnabrückische Geschichte.

b) Jedes Ort, Flecken oder Dorf, jeder freye oder adeliche Gutsbesitzer hat Theil und Stimme auf diesem Gerichte. Sie kommen zusammen, halten ihre Holztinge, wählen ihre Holzgrafen (Holzrichter) und strafen die Frevel. Jeder Gemarkung wird verhältnißweise das Holz angewiesen. Sie haben freye Trift. — Ehemals hatten vermuthlich alle freye Einwohner das Jagdrecht, jetzt nur die Freyadelichen. Die Kurfürstliche Kammer hat nur einen Theil des Waldes unter dem Namen Kammerforst.

c) In primis quicunque beneficia habere videntur, omnes in hostem pergant. Quicunque liber mansos quinque (vel quatuor aut tres) de proprietate habere videtur, similiter in hostem veniat. *Cap.* I. *ann.* 807.

Sachsen zu von der Elbe und dem Rheine an zu rechnen zu Feld ziehen mußte *a*).

Der Fehdsoldat oder Leut (vasallus, leudes) mußte nicht nur zum Heerbanne, sondern auch zur Fehde seinem Lehnherrn folgen und gewärtig seyn. Von Lehen und Lehnsleuten dieser Zeit hat uns die Geschichte unsers Landes wenig Nachrichten hinterlassen; obwohl es deren viele muß gegeben haben. Die Prästarey des Grafen Ansfried vom Kloster Lorsch und selbst der Stiftungsbrief dieser Abtey, worinn schon von Leuten die Rede ist, zeigen es deutlich *b*). Auch wird in demselben schon ein Unterschied zwischen Alod und andern Gütern gemacht *c*).

Als Glieder des Rheinfränkischen Herzogthums nahmen unsere Gauen und Einwohner mit Sitz und Stimme entweder unmittelbar (durch eigene Gegenwart) oder mittelbar durch ihre Stellvertretter *d*) Theil an den großen Reichs- oder Nationalversammlungen, welche im Merz und May unter freyem Himmel auf offenem Felde gehalten, und daher Merz- und Mayfelder genennt wurden *e*). In unserm Lande wurden mehrere dergleichen Reichsversamm-

a) *Capitulare* Carl. M 812. C. 8.

b) Cum litis, libertis, conliberis, mancipiis — sieh die Stiftungsurkunde. *Chron. Laurish.* tibi et filio tuo — beneficiacemus. praest. com. Ansfrid. *ibid.*

c) Tam allode, quam de comparato. *ibid.*

d) Dictaverunt legem Salicam proceres ipsius gentis, qui tum temporis apud eam erant *rectores*. Bouquet. *recueil.*

e) Placita duo per annum: unum quando ordinabatur status totius regni, in quo *generalitas universorum* — seniores propter concilium ordinandum, minores propter suscipiendum. aliud placitum propter dona generaliter danda cum *senioribus tantum et praecipuis consiliariis*. Hincmar. C. 29. Dieß ist nach Tazitus de minoribus rebus principes consultant, de majoribus omnes etc.

lungen gehalten *a*). Eine der letzten und merkwürdigsten solcher Zusammenkünfte des Volkes, welche uns die Geschichte aufbewahrt hat, kam hier zwischen Mainz und Worms im Jahre 1025 zusammen, auf welcher unser Fränkische Herzog Konrad II. auf die Vorsprache des Mainzer Erzbischofs Aribo zum Kaiser gewählt wurde. "Zwischen Mainz und Worms, sagt Wippo, ist eine „ große Ebene, welche sowohl wegen ihrem weiten Umfang zur Aufnahme der Volksmenge, als wegen der „ Inseln und Schlupfwinkel zu geheimen Verhandlungen „ sehr bequem ist. Als nun auf diesem Felde alle Vornehme, und, so zu sagen, die Eingeweide des ganzen „ Reichs zusammen kamen, lagerten sie sich rechts und „ links am Rheine, welcher Gallien und Deutschland voneinander scheidet. Auf deutscher Seite stunden die „ Sachsen mit ihren Nachbarn den Slaven, die Ostfranken, die Bayern und Schwaben; auf gallischer aber die „ Westfranken, die Ripuarier und Lothringer" *b*). Auf solchen Mayfeldern wurden mit Bewilligung des Volkes sowohl in Reichs- als Kirchensachen Verordnungen gemacht *c*), Krieg und Friede beschlossen *d*), Fürsten und Könige

Ibi placitum suum campo madio, quam ipse primus campo martio pro utilitate Francorum instituit. Fredegar. *ad an.* 766.

a) In placito Ingelheimensi — inter Moguntiae confinia — apud Tribur — congregato ad Wormatiam generali conventu.

b) Wippo p. 463.

c) In eodem placito secundum morem suum multa, quae ecclesiae essent utilia, admonuit, statuit, ac definivit. *Vit.* Lud. pii *apud* Pithoeum. Anno DCCCXVI. Hludovicus — ex omni imperio suo fecit conventum — ut sancirent capitula pro *utilitate ecclesiae. Cap.* Lud. pii. *an.* 816.

d) Rex vero Carolus congregato ad Wormatiam generali conventu Saxoniam bello aggredi statuit. *Annal. Laurisb. ad ann.* 772.

Könige gewählt *a*), und überhaupt die Gewalt Gesetze zu geben vom Volke ausgeübt.

Der König (und durch Karl auch Kaiser) war das Haupt des ganzen Reichs. Er hatte die vollstreckende Gewalt. Er führte den Heerbann in Krieg *b*); war Vorsitzer auf der Nationalversammlung *c*) und Oberrichter *d*). Er setzte die Herzoge, Grafen und Pfalzgrafen *e*); und controllirte den ganzen Staat durch seine Sendgrafen *f*). Er hatte seinen wandlenden Hof und Hofstaat g); seine eigne Bediente *h*), und unterhielt sich durch seine Gefälle und Mayerhöfe *i*) (villae regiae). Hochheim, Tribur, Ingelheim, Nierstein ꝛc. kennen wir noch als solche königliche Güter *k*).

a) Pipinus rex per auctoritatem papae — et electionem omnium Francorum in regni solio sublimatus est. Bouquet. *recueil. de l'hist.*

b) Rex vero Carolus — Saxoniam bello aggredi statuit.

c) Ipse rex sedebat in sella regia — praecipiebatque is die illo, quidquid a Francis decretum erat. Bouquet.

d) Ut episcopi, abbates et potentiores quisque, si causam inter se habuerint, ac se pacificare noluerint, ad *nostram jubeantur venire praesentiam. Cap. III. ann.* 812.

e) Ideo tibi actionem *ducatus*, *comitatus* etc. commisimus.

f) Volumus ut — conveniant missi — unusquisque in *legatione sua*.

g) Karl residirte in unsern Gegenden meistens zu Ingelheim, Mainz und Worms.

h) Z. B. Hofmarschall — Stallmeister — Mundschenk — Oberjägermeister — Kanzler oder Geheimschreiber — Falkonierer — Hofkapläne ꝛc.

i) Sieh Karls capitularia de villis.

k) Kremer hat sie auf der Karte des Rheinischen Franzlens angemerkt.

Wie das Reich, so war auch die Kirche eingerichtet. Die Metropoliten, Bischöffe und Pfarrer waren das in ihren Sprengeln, was die Herzoge, Grafen und Zentgrafen in ihren Distrikten und Gauen vorstellten *a*). Es ist sehr wahrscheinlich, daß schon in den ersten Jahrhunderten des Christenthums auch hier am Rheine heimliche Kirchen angepflanzt wurden. Wenn auch der größte Theil der angeblich Mainzer Bischöffe eitel Legendenfabel ist, so mögen doch einige Sagen, besonders von den Bischöffen Hilarius, Auräus und Maximus, nicht ohne Grund seyn *b*). Herr Hofrath Dürr hat es mit seiner bekannten Gründlichkeit bewiesen, daß schon im Jahre 344 ein Mainzer Bischof Martinus auf einem Konzilium zu Kölln den Euphratas, Bischoffen zu Kölln, welcher die Gottheit Christi läugnete, verdammen half *c*). Unter

a) Ut episcopi cum comitibus stent, et comites cum episcopis, ut uterque pleniter ministerium facere possit. *Cap. an.* 806.

Duces metropolitanis, comites episcopis, centenarii et Vicarii parochis sive plebanis comparantur. Walafrid *de reb eccles.*

b) Bekanntlich wird die Hilariuskirche, jetzt Aureuskapelle als die älteste christliche Kirche von Mainz angegeben, s. Fuchs Geschichte von Mainz. Serarius, Johannis, und das proprium Moguntinum schildern uns den Maximus als einen Mainzer von Geburt, einen klugen, gelehrten und eifrigen Bischof. Auräus mit seiner Schwester Justina werden noch in der bekannten Auräuskapelle bey Dahlheim vor der Stadt verehrt, in welcher als der ehemaligen Hilariuskirche er von arianischen Barbaren während dem Messelesen soll ermordet worden seyn. Die neuere Kapelle steht in den verfallenen Mauern einer ältern Kirche — aber von gothischer Bauart.

c) Sieh seine Dissertation davon. —

Auf dem Concilium zu Sardika in Mösien erschienen aus Germania prima Martinus, Bischof von Mainz, Victor von Worms, Jesse von Speir. an. 344.

Konstantin ist es offenbar, daß hier Christen und christliche Kirchen öffentlich ihren Glauben bekannten *a*). Und als sich die Kirche überhaupt nach eben dieses Kaisers Reichsabtheilung organisirte, wurde auch Mainz die geistliche Metropolis über Straßburg, Speir und Worms *b*). Der heilige Bonifazius legte endlich die letzte Hand an das angefangene Werk. Durch ihn wurde Mainz nicht nur zum ersten Erzbißthum in Deutschland, sondern auch zum vorzüglichen Punkte der Missionen gemacht *c*). Das Apostolat dieses ersten Erzbischofs und späterhin die Eroberungen Karls des Großen in Sachsen erweiterten auch merklich das erzbischöfliche Gebiet von Mainz. Nicht nur die alten Sufraganeaten von Worms, Speir, Straßburg ꝛc. blieben dem Mainzer h. Stuhle untergeordnet, sondern Wirzburg, Eichstädt, Paderborn, Hildesheim, Oßnabrück, Verden, Halberstadt und viele andere geistliche Sitze bis nach Böhmen, Mähren und die Schweiz mußten die geistliche Gerichtsbarkeit des Mainzer Oberbischofs erkennen *d*).

a) Die christlichen im Occident liegenden Legionen waren ja seine Stütze. — Schon Hieronymus giebt viele tausend Christen an, welche in einer Kirche zu Mainz wären ermordet worden: Multa millia in templo trucidata. ad Gerontiam.

b) Die Eintheilung für unsere Gegend war folgende:

Provincia *Germania prima*

metropolis civitas - *Moguntiacensium*

civitates - *Argentoratensium*,

Nemetum

Vangionum.

c) Siehe des Pabst Gregorius II. Brief an Karl Martell, an die Bischöffe, Herzoge, die Geistlichkeit und das Volk. Beym Joannis, vita S. Bonifacii von Othlonius.

d) Auf einem alten gemahlten Fenster in einer Kapelle im

Der gelehrte Weihbischof Würdtwein hat mit der strengsten Genauigkeit die Gränzen des Mainzer Kirchsprengels erwiesen, woraus deutlich wird, daß sich dieselben nach der weltlichen Eintheilung der Gauen ꝛc. gebildet haben *a*). Als hernach die Erzbischöffe ihre Erzpriester oder Erzdiakonen aus den Hauptstiftern des Mainzer Kirchsprengels wählten, wurde auch jedem derselben ein Gau angewiesen *b*). Es konnte nicht fehlen, daß schon in diesem Zeitraume viele geistliche Stiftungen gemacht wurden; da selbst weise Fürsten die Klöster als Pflanzschulen guter Bischöffe, und die Sitze der Gelehrsamkeit und Wissenschaften betrachteten. Lorsch in der Bergstraße schreibt seine Entstehung schon vor den Zeiten Pipins I. her *c*). Seligenstadt dankt seine Stiftung der Liebesgeschichte zwischen Emma der Tochter Karls des Großen, und

Dohm waren sie um das Bild des h. Bonifazius folgendermaßen angegeben:

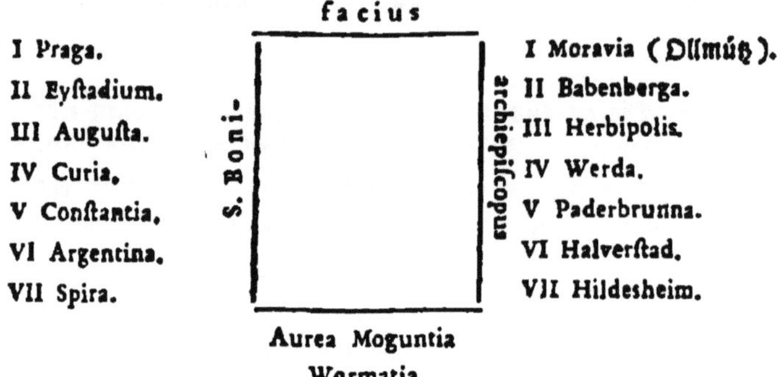

a) Würdtwein dioecesis moguntina.

b) Sieh unten IV. Buch.

c) Diese Abtey ist von Cancor dem Grafen des oberrheinischen Gaues unter der Regierung Pipins I. gestiftet worden. *Hist. Laurish. apud* Joannis.

seines Geheimschreibers des gelehrten Eginhard a). St. Alban wurde von Karl dem Großen als eine Landsschule angelegt b). Altenmünster stiftete die ostfränkische Herzogin Bilhild nach dem Tode ihres heidnischen Mannes Hettan c). Andere geistliche Stiftungen geschahen nicht viel später.

Bey aller dieser Begünstigung der Geistlichkeit muß man aber nicht denken, daß sie und die Kirche einen eigenen Staat im Staate ausgemacht, und sich der weltlichen Gerichtsbarkeit ganz entzogen habe; vielmehr zeigen alle Urkunden dieses Zeitalters deutlich, daß (Kirchen- und geistliche Sachen ausgenommen) sie sonst gänzlich Bürger und Unterthanen des Reichs und der weltlichen Gesetze waren. Sie und ihre Kirchengüter genossen zwar einer großen Freyheit d); allein sie mußten sich doch dem Gerichte des Königs und seiner Beamten unterwerfen e). Man konnte sich ihrer Personen versichern f), sie waren dem Staate zur Rechenschaft verpflichtet g), und mußten als Reichs-

a) Ibidem beym Joannis.

b) Chronicon Alban. ibid.

c) Sieh den Stiftungsbrief beym Joannis.

d) Karl machte schon das Kloster Lorsch mit allen seinen künftig zu erwerbenden Gütern von aller Gerichtsbarkeit, Steuern und Lasten frey. *Vid. privil.* Caroli *in chron. laurish.*

e) Ut episcopi, abbates et potentiores quique, si causam inter se habuerint, ac se pacificare noluerint ad nostram jubeantur venire praesentiam, neque illorum contentio allibi finiatur. *Cap. III. an.* 812.

f) Episcopi, abbates ad placitum missi venire debent; si non, tunc eorum nomina annotentur et nobis ad generale placitum mittantur. *Cap. III. an.* 783.

g) Siehe oben. Deinde inquirat missus ab universis, qualiter unusquisque officium sibi commissum secundum Dei voluntatem ac jussionem nostram administret in populo.

bürger ihre Leute unter einem Kirchenvogte in Heerbann schicken *a*).

Wir haben schon oben gesehen, daß auf den allgemeinen Nationalversammlungen (wo folglich auch Laien Theil nahmen) Verordnungen in Kirchensachen gemacht wurden *b*), und Karl der Große ließ im Jahre 794 zu Frankfurt am Main ein Konzilium unter seiner Leitung halten, wo in Betreff der Heiligenverehrung sogar Schlüsse gegen die damalige Meynung der Römischen Kirche vorkamen *c*). Im Jahre 813 wurde auf eben dieses Kaisers Befehl ein Konzilium zu Mainz bey der Albansabtey gehalten, wobey auch Laien und weltliche Beamten zugegen waren, und über die Verwaltung der Gerechtigkeit sich berathschlagten *d*). Alle Konzilien, welche zu der Zeit in oder um Mainz merkwürdig sind, wurden auf Befehl des Königs zusammen gerufen. Die Wahlen der Bischöffe und Aebte sollten nach dem Geiste der ersten Kirche durch die Stimmen des Volkes und der Clerisey vollzogen werden *e*),

a) Unicuique ecclesiae mansus integer attribuatur absque ullo servitio, et si aliquid amplius habuerint, inde cum senioribus suis servitium praestent. *Cap.* Carl. M. Lib. I. C. 85. Im Jahre 803 wurden Geistliche für ihre Person vom Heerbann befreyt, doch mit der Bedingniß, ut suos homines bene armatos nobiscum, ac quibus jusserimus dirigant. *Cap. inc. anni.* siehe du Cange voce *advocatus.* Die Mainzer Bischöffe Gerold und Gervilio zogen selbst in Krieg, s. Johannis *rerum Moguntiacarum*, Tom. I.

b) Ut sancirent capitula pro utilitate ecclesiae.

c) Sieh weitläufig davon Schmidts Geschichte der Deutschen.

d) In tertia turma sederunt comites et judices, in mandandis legibus decretantes, *praefat. ejusdem concilii.*

e) Nach Apostelgeschichte C. 1. v. 15. ꝛc. — In dem Edikt des Klotarius II. an. 615 heißt es noch: ut episcopo decedente

und wurden es auch noch jetzt zum Theil; aber meistens hatten doch die Kaiser und Herzoge oder Grafen großen Einfluß dabey. Luitbert schien zwar vom Mainzer Volke und der Geistlichkeit erwählt worden zu seyn, aber doch mit Zuthun des Königs Ludwig *a*). Karl wurde nach Rhabanus mehr durch den Willen des Königs als die Wahl des Volkes auf den Erzbischöflichen Stuhl erhoben *b*). Sunderhold aber allein durch den Poppo, damaligen Herzogen *c*). Indessen hatten die Mainzer Erzbischöffe, wie alle Geistlichen, durch die Religion, ihre Sittengerichte (Sende) *d*), ihr Ansehen, und vorzüglich durch ihre Gelehrsamkeit und Wissenschaft schon großen Einfluß in Reichssachen *e*). Auf ihre Stimmen nahm man, wie ehemal, Rücksicht auf dem Mayfelde *f*). Sie waren die Rathgeber, Friedensstifter und Geheimschreiber

in loco ipsius, qui a metropolitano ordinari debet cum provincialibus, *a clero et populo eligatur.*

a) Luitberthus a Ludovico rege — magno cum Cleri et populi plausu in moguntiacensis ecclesiae subvehitur praesulem octavum. Serar. bey Joannis.

b) Rhabano successit Karlus, magis ex voluntate regis et conciliariorum ejus, quam ex consensu et electione populi, *ibid.*

c) Sunderholdus subrogatus est Poppone duce — *ibid.*

d) Siehe weitläufig davon Schmidts Geschichte der Deutschen.

e) Per vos utriusque regni pacta conditionesque portantur. per vos legationes meant. Vobis primum quanquam principe absente non solum tractata referuntur, verum etiam tractanda committuntur. Vid. apud l. 6. c. 6.

f) Archiepiscopus moguntinus, cujus sententia ante alios accipienda fuit — elegit Chunonem. — Wippo.

der Könige *a*). Sie lehrten Fürsten und Volk *b*). Die Zehnden und ihre täglich wachsenden Lehen und Allodialgüter machten sie zu reichen Leuten *c*). Dieser Reichthum vermehrte sich durch ihre kluge Wirthschaft *d*) und den Aberglauben der Zeit *e*). Bonifazius, Rhabanus,

a) Der Erzbischof Richolf wird in Caroli M. aula vir praepotens, ejusque consiliarius intimus beym Joannis geheisen. Ludovicus mediante Luitberto archiepiscopo — apud Wormatiam patri suo reconciliatur — Karolus vero, ex parte Hludovici, Luitbertum archiepiscopum (in testem et admonitorem) elegit. *Annal.* Pithoeani *ap.* Joannis. Sic quoque ipse et Hatto ille moguntinus archiepiscopus sibi semper amicissimus, quem *cor regis* nominabant, cum et ipse, ut ajunt, XII abbatiis praefuerit, post regem imperium tenuerunt.

Ekkehardus *ap.* Joannis.

Die Erzkanzlerstelle war zwar noch nicht mit dem Mainzer h. Stuhle verbunden — aber viele Urkunden der Zeit tragen schon die Unterschrift Mainzer Erzbischöffe.

b) Rhabanus galt für einen Kirchenlehrer zu der Zeit — noch ist das Kirchengebet von ihm: Ut quem doctorem habuimus in terris, intercessorem habere mereamur in coelis — *prop. mog.* —

De libro collectarum epistolarum — Riculfus episcopus Moguntinus, in hujusmodi sicuti et in Capitulis regiis studiosus, istas regiones repleri fecit. Hincmar. *op.* 33. *C.* 24.

c) Das Kloster Lorsch allein war zu der Zeit schon ein mächtiges Fürstenthum. Daher die Klage des Königs Chilperichs. Ecce pauper remansit fiscus noster, ecce divitiae nostrae ad ecclesias sunt translatae, nulli penitus nisi episcopi regnant: periit honor noster, et translatus est ad episcopos civitatum.

d) Einen großen Theil der Bergsträßer, Mainzer und Rheingauer Weinberge rc. haben wir den Klöstern Lorsch, St. Alban, St. Joannes, und Eberbach zu danken, s. P. Hermann Bär Beyträge zur Mainzer Geschichte, und Hellwich antiquit. laurish. ap. Joannis

e) Besonders da der Glauben aufkam, man könnte mit Kirchen-

Richolfus, und späterhin Hatto, Willigis, Aribo und Bardo schienen an die Stelle der alten Barden und Druiden getretten zu seyn, welche nicht durch weltliche Gewalt, sondern in Gottes Nahmen das Volk leiteten *a*). Das Reichsdirektorium, die Erzkanzlerstelle und die Kurfürstenwürde äussert sich zu der Zeit schon auf dem heiligen Stuhle zu Mainz.

Es war ganz natürlich, daß sich in unserm Lande die Künste und Wissenschaften und überhaupt die Kultur früher, als in andern Gegenden Deutschlands zeigen mußten. Unsere Väter waren schon lange mit Galliern und Römern bekannt. Hier pflanzten die Römer zuerst ihre Künste an. Hier war ein Sitz der geistlichen Gelehrsamkeit; hier war beynahe ein beständiger Aufenthalt des Hofes und der Reichsstände. Unter allen trug Karl der Große unser ingelheimer Landsmann *b*) am meisten dazu bey, wie sein Reich überhaupt, so sein und unser Vaterland insbesondere gesitteter zu machen. Er fühlte bald die Schönheiten unserer Gegenden, und baute sich zu Ingelheim einen Pallast, wovon man noch heute die geräumigen Ueberbleibsel sieht *c*). Durch diese Anlage verrieth der fränkische König im barbarischen achten Jahrhundert gewiß einen feinern Geschmack, als der fränkische König

schankungen seine Seele lösen — In den meisten Schankungen heißt es: pro redemtione animae etc.

a) Silentium per Sacerdotes — non in poenam vel ducis jussu, sed velut Deo imperante. —

b) Es ist zwar nur Sage, doch sehr wahrscheinliche Sage, siehe Münsterus Cosmographey.

c) Wenn man von der Landstraße von Mainz nach Bingen rechter Hand die Gasse hineingeht, sieht man noch den Umfang und große Bruchstücke.

Ludwig XIV. im glänzenden achtzehnten Jahrhundert durch die Erbauung des Schlosses zu Versailles. Hier ist der wahre Standpunkt, wo man das paradiesische Rheingau mit allen seinen so manchfaltigen Schönheiten und Ortschaften in einem Blicke übersehen kann. Hier ist der Ort, wo so viele Reichsversammlungen gehalten und die wichtigsten Staatsgeschäfte abgethan wurden. Hier ist der Ort, wo dieser thätige große Kaiser, nach vollbrachten Staatssachen und geendigten Feldzügen sich gütlich that bey frohem Schmause, bey seiner geliebten Fastrade *a*), im Kreise von gelehrten und guten Köpfen, und beym zu neuen Thaten begeisternden Rheinwein *b*). Hochheim, Nierstein, Tribur und andere Königshöfe in unserer Gegend geben Ingelheim wenig nach *c*). Kaiser, Fürsten und Volk besuchten sie als Orte des Vergnügens und der ländlichen Ruhe.

a) Sie starb hier, und wurde nach St. Alban begraben. Als das alte Kloster zerstört wurde, kam der Grabstein nach dem Dohm, und ist jetzt mit einem neuen Einfaß linker Hand an der untern Kreuzgangsthüre eingemauert. Die Inschrift heißt:

Fastradana pia Caroli coniunx vocitata
Christo dilecta jacet hoc sub marmore tecta
Anno septingentesimo nonagesimo quarto
Quem numerum metro claudere musa negat.
Rex Pie, quem gessit virgo: licet hic cinerescit,
Spiritus heres sit patriae, quae tristia nescit.

b) Sieh den Verdüner Vertrag, wo es heißt: propter vini copiam habe Ludwig der deutsche sich Mainz, Worms und Speir ausbedungen.

c) Zu Tribur wurden Conzilien und Nationalversammlungen gehalten. Hochheim und Nierstein sind sowohl wegen ihrer schönen Lage als ihren kostbaren Weinen berühmt. In England heißt aller Rheinwein vin hoch.

Von der klugen Wirthschaft, welche Karl diesen seinen Mayereien vorschrieb *a*), und von der Gesellschaft, welche er da um sich hatte *b*), verbreiteten sich Künste und Wissenschaften, edle und nöthige Früchte, Schriften und Sprache über unsere Gauen. Beynahe alle Arten von Getreide wurden jetzt gesäet, Aepfel, Birnen, Nüsse, Mandeln, Pflaumen, Pfirschinge, und sogar edlere Früchte *c*) blühten um seine Höfe, und der köstliche Weinstock prangte schon auf unsern Rheinischen Hügeln *d*). Zimmerleute, Maurer, Drechsler, Sattler, Schmiede, Weber, Goldschmiede, Baumeister und Künstler arbeiteten in hiesigen Werkstätten *e*). In Karls Hofakademien wurde gelesen, übersetzt, gedichtet, und die deutsche Sprache verbessert *f*). Er selbst sammelte unsere alten Barden und Heldenge-

a) Siehe seine Capitularia de villis.

b) Er hatte eine Akademie, worunter sich Eginhard, Rhaban, Alcuin, Riculf und andere merkwürdige Männer auszeichneten.

c) Capitularia de villis.

d) Siehe den oben angeführten Verdüner Vertrag: propter vini copiam. Auch geht im Rheingau die wahrscheinliche Sage, daß Winkel (Vinicella) Karls des Großen Weinlager gewesen sey. Zu Weinheim, welches unter Ingelheim im Thale liegt, geschah vermuthlich die Uebersahrt nach dem Pallaste. In den Schankungsurkunden des Klosters Lorsch kommen schon Weinberge vor, *trad. laurish.* T. I. nr. *6.* Siehe weitläufiger hievon P. Hermann Bär Beyträge zur Mainzer Geschichte, II. Th.

e) Capit. de villis. Karl ließ schon nach den Regeln Vitruvs bauen.

f) Sieh weitläufig hievon Schmids Geschichte der Deutschen. Otfried, ein Schüler Rhabans, hat sich um die deutsche Sprache am ersten verdient gemacht.

sänge *a*), und gab den Winden, den Jahrszeiten und Monaten deutsche Namen *b*). Ein klarer Beweis, wie sehr er das Vaterland erheben, und auf das Volk wirken wollte. Auf dem Albansberge legte er ein Kloster und dabey eine Schule an *c*). Da wurden in triviis und quadriviis Gesang, Noten, Rechnen und Schreiben, Grammatik, Rhetorik, Dialektik, Arithmetik, Musik, Geometrie und Astronomie gelehrt *d*). Er selbst gieng öfters in die Schule, fragte und examinirte, ließ sich die Aufgaben reichen, und wußte Adeliche und Bürgerliche ohne Unterschied zu beloben oder väterlich zu bestrafen *e*). Dieser Geist der Wissenschaften und Gelehrsamkeit erregte Eifer; der Eifer wirkte bis auf Fürsten und Bischöffe *f*). Der gelehrte Rhaba-

a) Sie sind hernach verlohren worden. — Vielleicht findet sie ein anderer Macpherson in irgend einer Klosterbibliothek.

b) Ost- West- Süd- Nord — Frühling oder Lenz — Sommer — Herbst — Winter — Sonntag — Mondtag — Dißtag — Wodanstag — Donnerstag — Freytag — Samstag — Hornung — Lenzmond — Wonnemond — Brachmond ꝛc.

c) Das Archiv des Ritterstifts zu St. Alban hat vielleicht noch schöne Urkunde darüber. Herr Vikarius Schunk ist Mann dafür, sie ins Licht zu setzen.

d) Siehe du Cange voce trivium et quadrivium. Es geht hier noch die Sage, daß von den Kirchengesängen, welche Karl der Grosse veranstalten ließ, sich Stücke in den alten Choralbüchern der Domkirche befänden.

e) Vos nobiles, vos primorum filii, vos delicati et formosuli in natales vestras possessiones confisi, mandatum meum et glorificationem vestram postponentes litterarum studiis, luxuriae ludo et inertiae vel inanibus exercitiis indulsistis — sagte er einsmal, *apud* Canis. *ant. lect.*

f) Siehe Alcuini dialectica beym Canisius *lect. antiquae*, wo sogar der grosse Kaiser den Schüler macht.

nus, Erzbischof von Mainz, schrieb für junge Geistliche ein Werk, was sie in allen damals bekannten Wissenschaften unterrichten sollte *a*). Diese Schrift trägt das Gepräge des damaligen Aberglaubens und der Barbarey, allein sie verbreitete doch Kenntnisse, und reizte zum Fleiße und zum Studieren *b*). Den Archiven des Klosters Lorsch haben wir beynahe den größten Theil der damaligen Urkunden und Geschichte zu verdanken *c*).

Solche Anstalten und Bestrebungen milderten schnell die rohen Sitten unserer Väter. Der alte Geist der Freyheit, des Krieges, der Jagd, und des Aberglaubens vermischte sich jetzt mit Ordnung, Feinheit und Ueppigkeit. Wir haben keine eigne Beschreibung der Sitten unsers Landes von dieser Zeit her. Wir müssen also durch Analogie und einzelne Züge ohngefehr ein Bild zusammenstellen.

Nebst den Karakterzügen, worinn unsere Landsleute überhaupt den Deutschen gleich sahen, glaube ich, daß sie vorzüglich in ihren Gedanken Leichtigkeit und Scharfsinn, in ihren Gefühlen etwas romantisches und sanftes, und in ihren Handlungen etwas rasches geäussert haben. Folgende Schlüsse und Sagen lassen michs vermuthen.

Das schon kultivirte Gallien gränzte an unser Land. Die Römer ließen sich hier mit ihren Künsten und Sitten nieder. Das Christenthum wurde hier frühe angepflanzt, und die Geistlichen, welche ihrem Stande nach zu der Zeit

a) Siehe hievon weitläufig Schmidts Gesch. der Deutschen.

b) Nach Karl und Rhaban fanden sich eine Menge gelehrter und fleißiger Mönche in unsern Mainzischen Klöstern, z. B. Otfried — Ruthard — Hemmo — Weinbert — Hardmund — Lupus — Probus —

c) Siehe die Lorcher Chronik. — Beym Trithemius und Joannis.

die feinsten, gelehrtesten und gesittetsten Leute der Nation waren, nisteten sich hier allerwegen an. Der Hof hielt sich hier beynahe beständig auf, und die wichtigsten Reichsgeschäfte wurden hier abgethan. Die Kriege und Fehden wurden fern von unserm Lande geführt, hier baute man nur Palläste, Kirchen und das Feld. Die feuchten Wälder waren ausgehauen, die kalte Luft gemäßigt, Geist und Körper durch Minne, Spiel und Wein erheitert und gemildert.

Ein solch neues Klima, solch neue Beschäftigungen, ein solch üppiges Leben machte nothwendig die Gedanken manchfaltiger, feiner und schärfer, die Gefühle sanfter, und die Thaten und Unternehmungen friedlicher. Unsere Bewohner waren dem zufolge mehr aufgelegt zur Wissenschaft und friedlicher Verhandlung als zum Kriege, mehr zum Scharfblicken als zur kalten Ueberlegung, mehr zum Spiele des Witzes und Genusse als zum schweren Studiren und Arbeit.

Von Thaten und Karakterzügen der Völker wissen wir wenig oder nichts. Die Sagen von Eginhard und Emma *a*),

a) Es ist bekannt die Sage, daß dieses liebende Paar von dem Vater Kaiser Karl dem Großen entdeckt wurde, als Emma den Eginhard aus ihrem nächtlichen Gemache trug, damit man nicht die Fußstapfen des Geliebten in dem während der Zeit gefallenen Schnee entdecken möge. Sie wurden verwiesen, siedelten sich an und trieben Wirthschaft. Karl fand seine Emma wieder, als er da einkehrte, Essen foderte, und sie ihm gerade seine liebste Speise vorstellte. Hiedurch entdeckte er seine Tochter, und rief aus: Selig ist die Stadt, wo ich meine Emma wieder fand. Er schenkte Eginharden den Ort und viele Güter. Eginhard stiftete die Abtey. — Sie heißt noch Seligenstadt, und man sieht dort beyder Liebenden Grabmahl in einem Sarge.

von der Bilhild a), vom Tode Ludwigs des Frommen b) und Heinrichs IV. zeigen von Sanftheit im Karakter des Volkes; die Spottlieder auf Hatto von Witz und Gefühl gegen List c); und die großen Rheinfränkischen Herzoge, die Konrade und Heinriche, lassen unser Rheinisches Franken als eine herrliche Fürstenschule vermuthen.

Durch Karl den Großen sollte unser Vaterland vermuthlich der Mittelpunkt seines großen Reiches, und folglich seiner großen Anstalten und Eroberungen werden. Mainz lag zwischen dem Ost- und Westfränkischen Reiche an der Rheinischen Gränze. Von hier aus konnte er in der kürzesten Zeit auf allen vier Seiten seines Reiches und seiner Eroberungen seyn — über Sachsen gegen Normänner und Slaven — über Bayern gegen Hunnen — über Schwaben gegen die Süditaliäner, und über Franken gegen Spanien. Auch sollten von hier aus, wie es nicht

a) Sie stiftete nach dem Tode ihres Mannes, den sie liebte, aber nicht bekehren konnte, das Kloster Altenmünster. Diese sanfteren Gefühle verlieren freylich durch den Aberglauben der damaligen Zeiten einigermaßen ihren Werth, sind aber gewiß dem menschlichen Herzen ehrwürdiger, als die stolzen Unternehmungen einer Fredegunde und Brunehild, welche letztere eine Burg auf dem Altkönig soll angelegt haben. Man findet aber keine Spuren davon. Der große Fels auf dem Feldberg wird lectulus Brunehildis genannt.

b) Beyde starben in unserer Gegend betrauert von den Mainzern. — Im Rheingau heißt man noch eine Aue die Lüzelaue. Doch P. Bär zeigt davon einen andern Ursprung.

c) Die Volkssagen wollten ihn sogar von den Mäusen gefressen haben — daher der Name Mausthurm, welchen der Zollthurm bey Bingen erhielt. Vermuthlich weil er mitten im Rheine steht.

undeutlich seine Absicht war, nicht nur die Waffen, sondern auch die Gesetze, Sprache und Künste der Deutschen über die römischen siegen *a*).

Karl erlag seinem großen Werke; und was dieser unternehmende deutsche Kaiser, was das altheidnische Rom zu Mainz nicht bewirken konnten, that jetzt das christliche Rom. Schon der Pabst Gregorius der erste (oder in Kirchensachen der Große) sah die gutmüthigen und frommen Deutschen als folgsamere Unterthanen seines Stuhles an, als die widersprechenden Griechen. Es mußte ihm also daran gelegen seyn, eine Pflanzschule von tüchtigen Kämpfern für seine Macht unter den Deutschen selbst anzulegen. In England wurde sie gegründet, und aus derselben gieng Winfried Bonifazius nach Mainz, um da den Erzbischöflichen Stuhl hinzupflanzen, von dessen Lehre, Klugheit oder Heiligkeit die christliche Religion, aber auch die geistliche Herrschaft des neuen Roms über den ganzen Norden sollte ausgebreitet werden.

Er und seine Mithelfer bekehrten den größten Theil von Deutschland. Zu Salzburg, Regensburg, Freisingen, Passau, Würzburg und Eichstädt legte er neue Bißthümer, und zu Fulda eine neue Pflanzschule von christlichen Bothschaftern und Lehrern an. Er reisete endlich selbst nach Rom, um neue Maasregeln zu holen, und die christliche Provinzen mit dem päbstlichen Stuhle in nähere Verbindung zu bringen. Er schwur dem heiligen Stuhle Petri einen Eid der Treue, welcher in Zukunft verstärkt alle

Kirchen

a) Schon seine eigene Verbesserung der deutschen Sprache, seine Sammlung der deutschen Gesetze in einen Codex, und die Sammlung deutscher Lieder sind Beweise hievon.

Kirchen des Occidents der Bottmäßigkeit dieser neuen Herrscherstadt unterwarf *a*).

Die Politik oder Schwäche der Kaiser beförderten diese erste Anlage; und selbst Karl und Otto die Großen fanden es für rathsam und klug, das geistliche Mainz zu unterstützen und zu erheben *b*). Neue Bißthümer und Kirchen wurden in Norden und Süden errichtet *c*), und dem Erzbischöflichen Stuhle untergeordnet.

Ist es auf diese Weise dem Römischen Hofe gelungen, so viele Zubereitungen seiner Herrschaft glücklich zu Stande zu bringen, so konnte es ihm auch nicht fehlen, die Grundsätze derselben durch irgend einen geheimen Weg auszubreiten, und den frommen und unwissenden Völkern einzupflanzen. Er vergaß es nicht. Eine gewisse Sammlung von falschen, den alten Päbsten und Concilien angedichteten oder unterschobenen Canonen, Dekreten und Briefen wurden unter die Lehrer und das Volk ausgestreut, in kurzer Zeit geglaubt und als Kirchengesetze angenommen.

Man schrieb sie einem gewissen Isidor aus Spanien, Bischoffe von Sevilla, zu, welcher zwar eine ähnliche Sammlung ächter, aber nicht solcher falscher Briefe ꝛc. veranstaltet hatte. Vermuthlich sind sie von irgend einem verschmitzten Mönchen in unserm Lande verfertigt, und von unsern Erzbischöffen am ersten gutgeheissen worden. Der Erzbischof von Rheims, Hinkmar, sagt offenbar,

a) Siehe hierüber weitläufig Schmidts Gesch. der Deutschen.

b) Die friedliche Geistliche, welche sie meistens selbst wählten und anstellten, schienen ihnen treuere Unterthanen als die mächtigen Vasallen und Krieger.

c) Von dem Mainzer heil. Stuhle aus wurden sogar die Apostel für den fernsten Norden gewiehen, z. B. der h. Ansgarius, und die nordischen Könige getauft, z. B. Harald ꝛc.

daß der Mainzer Erzbischof Riculf, der sowohl ein in geistlichen als weltlichen Gesetzen erfahrner Mann sey, mit dieser (angeblich spanischen) Sammlung alle Kirchen und Gauen angefüllt habe *a*). Dem sey, wie ihm wolle, es ist wenigstens soviel gewiß, daß in unsern Gegenden solche Grundsätze von geistlicher Immunität und Gerichtsbarkeit, von vorzüglicher Verehrung des geistlichen Standes, von der Lehenhoheit des päbstlichen Stuhls, von dessen Gewalt im Himmel und auf Erden und der Statthalterschaft des Pabstes nicht nur ausgebreitet, sondern auch an Bischöffen und an Kaisern ausgeübt wurden. Die Kaiser Ludwig der fromme, Heinrich IV. und V. ꝛc., die Mainzer Erzbischöffe Heinrich I. Siegfried III. Heinrich III. und Diether von Isenburg fühlten gegen ihre eigene Autorität die Wirkungen davon. Unsre Gegenden tragen noch die Spuren ihres Bannes und ihrer Entthronung durch die Obergewalt des Römischen Stuhles *c*). Mainz, was durch Drusus ein Castellum zur Herrschaft des alten Roms werden sollte, wurde so durch den Erzbischof Riculf ein geistlicher Stuhl zur Herrschaft des neuen.

a) Hincmar. epist. 24. s. weitläufig und gründlich hierüber Schmidts Geschichte der Deutschen.

b) Joannis rer. mog. T. I.

IV. Buch.

Hatto.

oder

Geschichte von Mainz im Faustrechte.

Vom Jahre 800 bis 1200.

Mit Karl dem Großen verfiel auch das altgothische Gebäude des freyen deutschen Staatskörpers. Die mächtigen Vasallen, geistliche und weltliche, theilten unter sich die Bruchstücke. Die Schwäche Ludwigs des Frommen und die Reichstheilungen, welche durch ihn und seine Nachfolger beständig vorgenommen wurden, beförderten diese Veränderung. Der Vater mußte schon gegen seine undankbaren Söhne, und die Söhne nach dem Tode des Vaters gegen habsüchtige Brüder oder Vettern Hülfe suchen. Jeder schmeichelte, beschenkte, bestach *a*), um nur Leute und Krieger auf seine Seite gegen seine mächtigern Nebenbuhler zu werben. Diese Streitigkeiten waren keine Landwehre, um das Reich zu sichern, sondern eine Fehde, um Eroberungen zu machen *b*). Mächtige und

a) Nithard, in dessen Adern Karls des Großen Blut wallte, beschuldigt besonders den Adelhard, welcher unter Ludwig alles that, solcher Veräußerungen. Adelardus, sagt er, *de Diss. fil. l. p.* utilitati publicae minus prospiciens, placere cuique intendit. Hinc libertates, hinc publica in proprios usus distribuere suasit, ac dum quod quisque petebat, ut fieret, efficit, rempublicam penitus annullavit.

b) Dies sieht man deutlich aus dem Testament Karls des Großen, wo es heißt: Ut post nostrum — discessum homines

kriegerische Vasallen, welche auf jeden Fall gewärtig seyn mußten, dienten somit den einander befehdenden Karolingern besser, als ruheliebende Landwehrige, welche nur im Heerbanne (zur Landesvertheidigung) zu Felde zogen. Jene (die Vasallen, Fehdesoldaten) wurden demnach täglich mehr beschenkt, erhoben, geehrt und mächtig gemacht, indessen diese (die Freyen, Wehren, Allodialgutsbesitzer) ihren Einfluß und Werth verlohren *a*). In dem Vertrage zu Koblenz vom Jahre 860. werden die Lehnsleute beynahe schon als die einzigen Stände des Reichs und die Stützen der Könige angesehen *b*).

Diesen Fortgang des Lehenwesens beförderten die Beamte des Heerbannes, und die gemeinen Wehren endlich selbst. Da alles nur zugriff, wann und wie man konnte, so ließen sich die Herzoge, Grafen und Vögte eben so mit ihren Aemtern und Würden, als die ordent-

uniuscuiusque eorum (filiorum) accipiant *beneficia* unusquisque in regno domini sui, et non in altero (weil die Leute auch zu Fehde eines jeden stehen mußten) *hereditatem* autem suam (ein Heerbannsgut) habeat unusquisque eorum hominum — in unoquoque regno. — Denn die Landwehre betraf das ganze Reich. — Dieses wird noch deutlicher in dem Vertrage der Brüder unter sich vom Jahre 847.: Et volumus, ut cuiuscunque nostrorum homo in cuiuscunque regno sit, cum seniore suo in hostem, vel *aliis suis utilitatibus* pergat: nisi talis regni invasio, quam *Landweri* dicunt, quod absit, accideret, ut *omnis populus* — ad eam repellendam communiter pergat. Dies alles war also mehr eine Fehdeabtheilung, als eine Reichsabtheilung; denn die Lehengüter gehörten nur zu den Abtheilungen, die Wehrgüter aber blieben dem ganzen Reiche.

a) Mösers Osnabrückische Geschichte.

b) Illorum (fidelium) communi consilio, heißt es in diesem Vertrage; ferner: veri adiutores et cooperatores.

lichen Vasallen mit Krongütern belehnen, und selbe nach der Gewohnheit in ihrer Familie erblich machen *a*). Jeder kleine oder große Lehnsmann befestigte sein Stammhaus *b*), und raubte von da aus, was er erfechten konnte *c*). Wer auf diese Weise seinen Hof zu keiner Burg befestigt hatte, konnte keinen Schirm erwarten. Der Heerbannsdienst war schon zu Karls des Großen Zeiten beschwerlich und jezt gar verächtlich. Und da der Freye oder Wehre in der alten Verfassung keinen Schutz mehr fand, so entzog er sich dem Dienste entweder unter irgend einem Vorwande *d*), oder er gab sein Allod oder Freygut einem mächtigen Lehnsherrn, oder einer Kirche, und empfieng es als ein Lehen wieder, um nur Hülfe und Sicherheit zu finden *e*).

a) Die Art und Weise, wie dies geschah, siehe in Marculf. *form.* XIV. und verschiedene Urkunden in Gudenus, und *Chron. Laurish.* schon von Karl dem Großen her. — Besonders schön und deutlich hat dies Mösers Osnabrückische Geschichte erwiesen.

b) Expresse mandamus, ut, quicunque istis temporibus castella et firmitates et haias sine nostro verbo fecerunt, calendis Augusti omnes tales firmitates disfactas habeant, quia vicini et circummanentes exinde multas depraedationes et impedimenta sustinent. *Cap.* Carol. Calv. *apud* Baluz.

c) Ut rapinae et depraedationes, quae quasi iure legitimo hactenus factae sunt, heißt es in *Conventu apud* Marsnam. *ann.* 847.

d) Sunt enim, qui dicunt, se esse homines Pipini vel Chludovici, et tunc profitentur, se ire ad servitium (d. i. zur Fehde) Dominorum suorum, quando alii pagenses in hostem (Heerbann) pergere debent. *Capit. III. §. 7. an.* 811.

e) Ut non cogatur, hieß es alsdann, propter illud bonum in expeditionem sive ad curtem regalem migrare, ut absque omni molestia et fam[illegible] p[illegible]ant. Dies war der Fall besonders bey [illegible].

Die ganze Verfassung und Staatsgewalt bekam dadurch eine andere Organisation. Schon im Jahre 860. wurde durch den Koblenzer Vertrag den Vasallen die gesetzgebende Gewalt nicht undeutlich zugestanden *a*). Die richterliche Gewalt gieng in die Lehen, und mit denselben das Amt der Grafen und Herzoge erblich auf einzelne Familien, oder folgeweis auf die Kirchen über *b*). Die Wehren (als Landmiliz) wurden in Ansehen und Kriegsgewalt von den Leuten (als einem stehenden Soldaten) verdrängt *c*). Die Kriegs- oder Heerbannsgewalt, welche zur Landwehre nur der König aufbieten konnte, lag in den Händen mächtiger Vasallen, die nur eigenen Vortheils halber einander befehdeten *d*). Die Stimmen des Volkes zur Gesetzgebung erstummten bald auf dem Mayenfelde, und von der Gewalt der Könige, die Gesetze des Volkes zu vollstrecken, war bald nichts mehr übrig als Titel und Form *e*).

Diese Zeit der Verwirrung machten sich wohl auch die klügern Geistlichen zu Nutze. Sie hatten zwar nicht

a) Siehe oben: Illorum communi consilio.

b) Sieh den Freybrief Karls des Großen für Lorsch, und Urkunde V - VIII. bey Gudenus *Cod. dipl.* Ut nullus judex publicus — mansiones seu paratas faciendas distinguere — audeat. Familiae autem coram nullo, placitis vel negotiis respondere cogatur, nisi coram episcopo, seu potente eius advocato. Urk. V. Dadurch erhielt der Erzbischof offenbar die richterliche Gewalt auf seinen Gütern.

c) Mösers Osnabrückische Geschichte. Th. II.

d) Dies zeigen alle Reichsgeschichten.

e) Nithard klagt schon darüber — Hinc libertates, hinc publica in proprios usus distribuere suasit — ac — rempublicam penitus annullavit. — Es heißt nun immer Optimates, Principes — Vasalli, fideles — und selten populus.

die Gewalt der Waffen, aber was damal mehr galt, die Religion und Frömmigkeit des Volkes auf ihrer Seite. Sie konnten in unsern Gegenden um so leichter gewinnen, weil sie hier schon lange, so zu sagen, zu Hause waren. Selbst Karl der Große fand es klug und nöthig, die mächtig werdenden Weltlichen durch die Geistlichen zu kontrolliren *a*). Er befreyte schon das Kloster Lorsch in seinen nicht nur erworbenen, sondern auch noch künftig zu erwerbenden Gütern von aller Gerichtsbarkeit und Steuer der ordentlichen Beamten, und ertheilte ihnen somit einen Theil der landesherrlichen Gewalt *b*). Eine ähnliche Schankung läßt sich um so mehr von den Kirchengütern des Mainzer Erzbischofs vermuthen, als dieser in Ansehen und Würde über den Abten von Lorsch erhaben war. Alle künftigen Ereignisse, und selbst die Urkunden, welche der fleißige Gudenus sammelte, geben nicht undeutlich zu verstehen, daß der Mainzer Erzbischof, Hatto, der Stifter der weltlich-fürstlichen Würde des Mainzer Erzstiftes gewesen sey *c*). Er, der erste Prälat im deutschen Reiche,

a) Drum legte er so viel Bißthümer in Sachsen an, und gab schon in den ersten Zeiten seiner Regierung den Kirchen Freybriefe, sogar gegen seine sonstige Politik, von der gemeinen richterlichen Gewalt.

b) Siehe diesen Freybrief in *Chron. Laurish.* Penitus ingredi iudiciaria poteſtas, aut miſſi noſtri diſcurrentes non praeſumant.

c) Man sieht beym Gudenus *Cod. dipl.* T. I. in der vierten Urkunde, daß er schon verschiedene Güter um Mainz an die Abtey Fuld verschenkt habe. Ein Beweis seines Reichthumes. — Die fünfte Urkunde eben daselbst zeigt deutlich, daß Otto II. dem heiligen Willigis die Güter und Herrlichkeiten des Erzstiftes nicht sowohl geschenkt, als nur bestätiget habe. Eben dies beweiset die achte Urkunde. Gudenus *Cod. dipl.* T. I.

oberster Verwalter von zwölf reichen und mächtigen Abteyen *a*), das Herz des Königs *b*), und mit dem erlauchten Otto (Herzoge in Sachsen) der erste Wähler der Kaiser und Direktor des Reiches *c*) — in Staats- und Kirchensachen gewandt, listig, unternehmend — bey Hofe stolz, gebietend, prachtliebend — und, wie seine Spötter sagten, eben nicht gar gewissenhaft *d*) — ein solcher Mann hatte gewiß ein seiner Gewalt so günstiges Zeitalter, als jenes der schwachen Karolinger war, nicht vorbeygehen lassen, um es nicht zu seinem Glanze und zum Vortheile seines heiligen Stuhles zu benutzen. Kurz nach seiner berühmten Regierung sehen wir schon seine Nachfolger, als die ersten Bischöffe nach dem Pabste *e*), vorzüglich ihre Stimme auf dem Reichstage und bey der Kaiserwahl erheben *f*).

a) Cum et ipse, ut aiunt, XII. abbatiis praefuerit. Ekkehardus *apud* Ioannis.

b) Quem cor Regis nominabant. *Ibid.*

c) Sic quoque ipse et Hatto — — post regem imperium tenuerunt. *Ibid.*

d) Siehe bey Joannis *rer. mog.* T. I. die Sagen von ihm. Sibi semper amicissimus. *Ibid.* Nota Hathonis versutiam archipraesulis.

e) Servata privilegiorum tuorum integritate, quo in tota Germania et Gallia post summum culmen pontificis, in omnibus ecclesiasticis negotiis, id est, in rege consecrando, et synodo habenda, caeteris omnibus tam archiepiscopis, quam episcopis, apostolica auctoritate, sicut iustum et rectum esse videtur, praemineas. *Diploma Benedicti P. M. Willigiso datum. Ap.* Gud. *Cod. dipl.* VI. Proinde procedit pontifex (Moguntinus). Wittich. *l.* 2.

f) Archiepiscopus Moguntinus, cuius sententia ante alios accipienda erat — elegit Chunonem. Wippo. *p.* 465.

Sie krönen die gewählten Kaiser *a*). Wir finden sie als alleinige Erzkanzler der deutschen Könige *b*); sie leiten die Wahlen und Reichsgeschäfte *c*); und üben die oberlandesfürstliche Würde in allen den errungenen Ländern ihres Erzstiftes aus *d*).

Diese Macht der Mainzer Erzbischöffe wurde durch die damalige Politik der Kaiser, und die Noth oder Frömmigkeit des Volkes unterstützt. Die Kaiser aus dem sächsischen Hause, besonders Otto der Große, fanden es nothwendig und klug, die Geistlichen zu erheben und zu bereichern, um den zu mächtig gewordenen Weltlichen durch sie das Gleichgewicht zu halten *e*). Sie glaubten

a) Bey der Krönung des Kaisers Otto wichen schon die Erzbischöffe von Trier und Köln dem von Mainz — Cessit tamen uterque eorum Hildeberti cunctis notae almitati. Witich. *l.* 2.

b) Ego Dei nomine Hatto, archiepiscopus et cancellarius — *Dipl.* IV. Folgmarus cancellarius vice Willigisi. *Dipl.* V. — vice Willigisi. — *Dipl.* VIII. IX. etc. *ap.* Guden. T. I.

c) Siehe des Hatto Brief an den Pabst Johannes IX. und oben die Wahl Konrads II. *apud* Wippo. Von dem Erzbischof Wilhelm sagt Witichind, *l.* III.: Eo tempore summus pontifex Wilhelmus, vir sapiens et prudens, pius et cunctis affabilis, ac patre sibi commendatum regebat Francorum imperium.

d) Siehe die V. und VIII. Urkunde bey Gudenus T. I.

e) Pütter und Möser — und auch Montesquieu erweisen dies. Deinde sic promerendo, regni nostri statum prolixius sustentare, heißt es in der Urkunde VIII. *apud* Gudenus. Marculf. *l.* 2. *form.* 3. führt schon an: Maximum regni nostri augere credimus munimentum, si beneficia opportuna locis ecclesiarum benevola deliberatione concedimus. — Von Otto I. heißt es — Non reperitur ei similis — qui pene omnibus cathedralibus ecclesiis — iura et iurisdictiones donavit. *De invest. episc. apud* Pütter.

an ihnen ruhige Unterthanen, und, da sie selbe meistens selbst anstellten, ergebene Clienten zu finden. Die Ottonen besetzten den Mainzer Stuhl mit ihren Söhnen, Vettern, Hofkaplänen und Freunden; und wollten eben dadurch, daß sie dieser Erzbischöffe Macht vermehrten, ihre eigene fester gründen *a*). Das Mainzer Kurfürstenthum hat seine weltliche Gewalt und Reichthümer vorzüglich dieser sächsischen Dinastie zu verdanken. Die meisten Urkunden, welche wir in dieser Rücksicht noch übrig haben, schreiben sich von diesen Kaisern her *b*).

Das von den weltlichen Großen und kleinen Vasallen gedrängte Volk half die kaiserlichen Schankungen vermehren. Da, wie ich oben zeigte, kein einzelner Wehre auf seinem Allode mehr sicher war, so ergab er sich als Lehnsmann um so ehender unter den Schutz einer Kirche, weil er dadurch, als unter einem friedlichern Oberhaupte, um so ruhiger, und als ein geistlicher Lehnsmann durch Kirchen- und Reichsbann um so mehr in Gottes Frieden leben konnte *c*). Alles trug dazu bey, die Macht und das Ansehen des Mainzer heiligen Stuhles zu erheben.

Die Erzbischöffe besassen auf diese Weise schon in Wirklichkeit die Gewalt und Würde, wodurch sie heut zu Tage glänzen, ja in gewissen Rücksichten noch einen

a) Wilhelm war ein Sohn Otto's, Willigis Hofkaplan, Gewissensrath und Erzieher des künftigen Kronprinzen. Ioannis *rer. Mog.* T. I.

b) Gudenus *Cod. dipl.* und Ioannis I. II. III. Th.

c) Ut non cogatur propter illud bonum in expeditionem sive ad curtem regalem migrare, ut absque omni molestia et famulatu possideat. Der Kirche zu Lorsch allein ergaben sich über viertausend freye Wehren als Leute. *Codex Laurisham.*

wichtigern Einfluß *a*). Es fehlte ihnen nichts als öffentliche Urkunden und die goldene Bulle, um sie auch von Rechts wegen und verfassungsmäßig ausüben zu können *b*).

Indessen war vor Friederich II. und dem Ausgange des Hohenstaufischen Hauses durch die Hinrichtung Konradins die alte Verfassung, besonders das rheinfränkische Herzogthum, noch nicht rechtlich aufgehoben. Ja verschiedene Kaiser und deutsche Könige versuchten sogar, die alte Verfassung wieder herzustellen *c*). Die Einfälle der Normänner, Slaven und Hunnen von außen, aber, was noch ärger war, die vielen Fehden, Raubereyen und das Faustrecht von innen, machten eine innere und äußere Landwehre und einen Landfrieden nothwendig. Das Feudalsystem hatte aber die alten Herzogthümer, Grafschaften und Gerichte, vorzüglich den Heerbann zu Grund gerichtet. Man mußte also die alte Ordnung der Dinge wenigstens unter einer andern Form zu erhalten suchen. Heinrich I. versuchte es durch fol-

a) Hatto, Willigis, Aribo, und späterhin Werner und Gerhard hatten gewiß einen größern Einfluß damals im Reiche, als die jezigen Kurfürsten haben können. Damals waren die Herzoge und Markgrafen noch keine Könige von Ungarn, Preußen, England ꝛc. — Unsere Erzbischöfe hatten die künftigen Kaiser, wie Gerhard sagte, in ihrer Tasche stecken. — Und man kann Konrad II., Rudolph von Habsburg, und Adolph von Nassau mit Recht Pfaffenkönige nennen.

b) Die obigen Urkunden beym Gudenus V — VIII. etc. beweisen schon ihre rechtliche Gewalt in Ausübung der Jurisdiction.

c) Heinrich I. Konrad II. Heinrich III. Friedrich der I — II.

gende Mittel. Er verordnete, daß die schirmlosen und auf dem flachen Lande unbefestigten Wehren sich in Städte zurückziehen sollten, um da sich gemeinschaftlich in einer größern Anzahl und hinter Stadtmauern und Stadtgräben vertheidigen zu können *a*). Diese würden sich alsdenn durch Errichtung eines ordentlichen Stadtregiments und gemeinschaftlicher Stadtgerichte einen neuen Frieden verbürgen. Die befestigten Wehren mochten sich in *ihren* Burgen schützen. Um aber denn doch das Räuber- und Fehdewesen unter ihnen aufzuheben, und sie überhaupt zur Landwehre geschickter zu machen, stiftete er die Tourniere, und gab dabey solche Gesetze, welche ihre Sitten bessern, und ihnen überhaupt bürgerliche und ehrbare Gesinnungen beybringen sollten *b*). Endlich setzte er Markgrafen auf jene Gränzen, welche vorzüglich mit Einbrüchen fremder Barbaren bedroht wurden *c*). Diesen Anstalten fügten seine Nachfolger noch eine andere bey, nämlich die Anstellung der Pfalzgrafen *d*). Die pfalzgräfliche Würde sollte dem verfallenen Richteramte wieder einige Kraft, und dem emporsteigenden erblichen Herzogthume Gegengewicht geben *e*). Obwohl nun diese klugen und patriotischen Bestrebungen nicht mehr die Wirkung haben konnten, welche sie sollten, so brachten sie doch große Verän-

a) Accepta pace ab Ungaris — ex agrariis militibus (Landwehrigen) nonum quemque eligens, in urbibus habitare fecit etc. Witich — *Corb. l.* 1.

b) Siehe Knipschild *de nobilitate.* Die Tourniergesetze stehen auch in Münsterus Cosmographey. Rüxner.

c) Einen von Nordsachsen und einen von Schleßwig ꝛc. Pütters Hist. Ent.

d) *Ibid.* und Struv. *Corp. hist. germ.*

e) Pütters Histor. Entwick.

derungen überhaupt, und besonders in unsern Gegenden hervor.

»In unsern rheinischen Städten zeigte sich bald Zusammendrang, Kraft, Industrie und bürgerliche Ordnung. Die Gemeinen erhoben sich aus der Sklaverey zu reichen und selbstständigen Bürgern. Der rheinische Adel machte einen eigenen Körper aus, welcher zwar noch immer das Handwerk des Jagens und Raufens nicht vergessen konnte, aber doch auch sich durch bessere Sitten auszeichnete. Die Pfalzgrafen bey Rhein wurden bald mächtige Fürsten, und als mit Konradin das rheinfränkische Herzogthum gesprengt war, sammelten dieselben das auf, was von der herzoglichen Würde und Gewalt übrig war a). Der Adel und die mächtigern Städte ergaben sich unmittelbar unter das Reich. Das Uebrige wurde eine Beute geistlicher und weltlicher Fürsten und Grafen b).

a) Der Pfalgraf könnte und sollte eigentlich der weltliche Schirmvogt der so vielen am Rhein liegenden geistlichen Fürstenthümer seyn. Er war jezt an die Stelle der Rheinfränkischen Herzoge getreten; und die geistlichen Kurfürsten am Rhein wollten ihn selbst zum Richter über den Kaiser erheben. Dux Rudolphus et Comes Palatinus ab electoribus imperii, Moguntinensi, Coloniensi, Trevirensi, archiepiscopis vocatus fuit ad Rhenum contra Albertum Regem, unde iidem Principes contra Albertum conspirarunt, eligentes Rudolphum pro iudice, et offerentes, ad Comitem Palatinum pertinere, quod sit officium Palatinae dignitatis ex quadam consuetudine, de caussis cognoscere, quae ipsi regi moverentur. Hen. Rebdorf. ap. Freher.

b) Die südlichen Gauen des Rheinfränkischen Herzogthums, z. B. den Uffgau — den Wirmgau — den Glemsgau — Murachgau — Enzgau — Pfunzingau — den Zabernachgau —

Die Streitigkeiten der Kaiser aus dem fränkischen und schwäbischen Herzogthume mit den mächtigen Päbsten und Vasallen gaben endlich dem Mainzer Kurthume und Bißthume seine völlige Ründung und rechtskräftige Bestimmung. Obwohl sich unter der Regierung dieser beyden Dinastien die Reichsverfassung schon gänzlich geändert, und Kaiser und Reich (im alten Verstande) ihre Gewalt verlohren hatten, so behaupteten die Fürsten derselben nach Maaßgab ihres Ehrgeizes und ihrer Talente doch immer noch ihr altes Ansehen. Die Geschichte Konrads II,

einen Theil des Anglachgaues und Kraichgaues ꝛc. theilten die Herzoge von Würtemberg und Markgrafen von Baden unter sich — den ganzen Gardinsgau — Elzensgau — den untern Neckergau und den Lobdengau erhielt der Pfalzgraf bey Rhein, nebstdem theilte er mit den Bischöffen von Speyer und Worms den Speyergau und Wormsgau — den größten Theil des obern Rheingaues nahmen die Grafen von Katzenellenbogen — das übrige erhielt der Erzbischof von Mainz durch die Abtey Lorsch — die Pfalzgrafen — die Grafen von Erbach und Isenburg, und der Bischof von Worms — den größten Theil des Maingaues erwarben sich die Erzbischöffe von Mainz, das übrige davon die Grafen von Hanau — die Pfalzgrafen — die Grafen von Katzenellenbogen, Erbach, Isenburg ꝛc. — Die Wetterau und den Nidgau theilten die Grafen von Hanau, Katzenellenbogen, Königstein und die Reichsstadt Frankfurt unter sich. Die Königshundrede erhielten die Grafen von Eppstein und Nassau — das übrige, nebst dem ganzen untern Rheingau die Erzbischöffe von Mainz. — Der Nahgau wurde den Erzbischöffen von Mainz — den Pfalzgrafen — den Grafen von Sponheim — den Rheingrafen — den Grafen von Leiningen — Falkenstein — Simmern ꝛc. zu Theil — die übrigen untern Gauen erhielten die Erzbischöffe von Trier — die Grafen von Nassau — Solms — Katzenellenbogen ꝛc. —

Heinrichs III, Friedrichs I. und II. zeigt deutlich, daß ein Kaiser, wenn er nur persönliche Tugend und Kraft dazu hatte, seinem Amte Würde und seiner Krone Glanz geben konnte, so viele Edelsteine auch bisher herausgenommen waren. Konrad und Friedrich II. beförderten den Landfrieden; Heinrich III. setzte nach Gefallen Päbste, Bischöffe und Herzoge ab und ein; und Friedrich I. war darauf, die Gewalt und Absichten Karls des Großen in der deutschen Kaiserkrone wieder herzustellen *a*). Indessen hatten ihre schwachen Vorfahren derselben schon zu viel vergeben, und eben diese ihre Bestrebungen trugen mehr dazu bey, die Widerspenstigkeit und Macht ihrer Vasallen zu erheben, als sie niederzuschlagen. Päbste, Bischöffe, Herzoge, Adel und sogar Städte (die einzigen Stellvertreter des gemeinen Standes) machten alle gemeine Sache miteinander, um diese Kaiser zu demüthigen *b*). Auf die Weise war Heinrich V. gezwungen, im Jahre 1122. das erste Concordat zur Begründung der geistlichen, und Friedrich II. im Jahre 1220. die erste Urkunde zur Bekräftigung der weltlichen Gewalt, wie der Bischöffe überhaupt, so vorzüglich des Mainzer Erzbischofs auszustellen *c*). Diesem ersten Vertrage zufolge verspricht Heinrich V. dem Pabste Calixt II. die Investitur durch Ring und Stab, und die freye Wahl der Bischöffe der Geistlichkeit zu überlassen. Er für sich als Kaiser behält sich nur das Recht vor, bey der Wahl des Bischofs zugegen zu seyn, wenn allenfalls ein Zwiespalt sich ereignen sollte,

a) Schmidt Geschichte der Deutschen. — Pütter Reichshist.

b) Ut regia potestas nulli per haereditatem, sicut ante fuit consuetudo, cederet. —

c) Siehe beyde Urkunden bey Schmaus *Corpus iuris publici*; und Gudenus *Cod. dipl.* T. I.

mit Zuthun der Provinzgeistlichkeit den klügern Theil zu unterstützen, und endlich den erwählten Bischof mit den weltlichen Herrlichkeiten zu belehnen *a*). Gemäß der Urkunde, welche Friedrich II. ausstellte, gesteht der Kaiser allen Fürsten des Reichs, so auch dem Kurfürsten von Mainz alle Freyheiten, Jurisdiction, gräfliche und centgräfliche Gerechtsame, welche sie bisher entweder durch freye Schankung, oder als Lehen erworben hatten, und überhaupt die ganze landesherrliche Gewalt und Rechte zu *b*). Diesem zufolge war der von der Kirche zu Mainz (nämlich

a) Ego Henricus — *dimitto* — *omnem investituram per annulum et baculum*, et concedo in omnibus ecclesiis — fieri *electionem et liberam consecrationem*. — Ego Calistus — — concedo, *electiones episcoporum et abbatum* teutonici regni — — in *praesentia tua* fieri — — ut, si qua discordia emerserit, metropolitani et provincialium *consilio vel iudicio saniori parti* assensum et auxilium praebeas. Electus autem *regalia per sceptrum* a te recipiat.

b) Digna recolentes animadversione, quanta fide dilecti nostri principes ecclesiastici nobis hactenus adstiterunt — censuimus eos, per quos promoti sumus, semper promovendos. — Igitur — nova thelonea et novas monetas in *ipsorum territoriis sive iurisdictionibus* eis inconsultis seu nolentibus non statuemus, sed *antiqua thelonea et iura monetarum eorum ecclesiis concessa* — *tuebimur* — item nulla aedificia, castra videlicet seu civitates, in *fundis ecclesiarum*, vel occasione advocatiae, vel alio praetextu construantur. — Item inhibemus — — ne quis officialium nostrorum in civitatibus eorumdemque principum *iurisdictionem aliquam* — sibi vindicet — quotiescunque autem ad aliquam civitatum eorum accesserimus sine nomine publicae curiae, *nihil in eo iuris habeant*, sed princeps et dominus eius *plena in ea gaudeat potestate*. Siehe die ganze Urkunde bey Gudenus *Cod. dipl.* T. I. Nro. CLXXVII. — Schon im Jahre 1212. wurden von dem nämlichen Kaiser Friedrich II. dem Erzbischof Siegfried alle von der Kirche zu Mainz erworbene Güter und Rechte bestätiget. Urk. CLIX.

(nämlich der Dom- oder Metropolitankirche) in Gegenwart des Kaisers oder seines Gesandten gewählte, von dem Pabste bestätigte, von dem Kaiser mit der landesherrlichen Würde beliehene Bischof von Mainz 1) seit des heiligen Bonifacius Zeiten erster Erzbischof in Deutschland, 2) seit Karl dem Grossen und den Ottonen Metropolit über die Bißthümer Prag, Eichstädt, Augsburg, Chur, Konstanz, Straßburg, Speyer, Ollmütz, Bamberg, Würzburg, Verden, Paderborn, Hildesheim, Halberstadt, Worms, und die dazu gehörige Geistlichkeit, 3) seit Hatto und Willigis Kurfürst, Erzkanzler und Direktor des Reichs, 4) seit Ludwig, Hatto, Willigis, Wilhelm, Siegfried III. ꝛc. Fürst und Landesherr über einen Theil des Nahgaues, einen Theil des obern Rheingaues, über einen Theil der Königshundrede, über das ganze untere Rheingau, über einen großen Theil des Maingaues und Taubergaues — und endlich noch über andere große Stücke in Hessen, Thüringen, im Eichsfelde und Sachsen ꝛc.

Während und durch diese Erwerbungen und Rechte der Mainzer Erzbischöffe bevestigte sich auch erst recht die geistliche und weltliche Verfassung des Mainzer Erzstiftes; und wenn der listige Hatto als Erwerber des Mainzer Staats zu betrachten ist, so müssen wir den h. Willigis als Gesetzgeber desselben verehren. Der Mainzer Kirchenstaat hatte sich seit Karl dem Großen merklich geändert. Die geistlichen Reichsfürsten und Bischöffe haben sich in dem Verhältnisse dem päbstlichen Stuhle genähert und unterworfen, als sie sich der Obergewalt des Kaisers und Reiches entzogen. Vermöge der Concordaten und anderer Gewohnheiten wurden sie nicht mehr von der Klerisey und dem Volke, sondern von der Klerisey allein, und dem

Domkapitel gewählt. Der Kaiser hatte dabey wenig mehr zu sagen, und noch weniger die Bischöffe selbst vorzuschlagen, oder gar anzusetzen, sondern nachdem sie vom Pabste bestätiget waren, nur mit den Landesherrlichkeiten zu belehnen.

„Da ich einmal von Bischofswahlen spreche, sagt „Pütter, kann ich hier am füglichsten bemerklich ma„chen, daß sich auch in den Wahlen selbst von dieser Zeit „an eine Veränderung entspann, die bis auf den heuti„gen Tag ihren Fortgang behalten hat. Nehmlich nach „der ursprünglichen Bestimmung eines Bischofs, da ihm „die Seelsorge, oder doch eine Aufsicht über diejenigen, „die zur Seelsorge und zum Gottesdienste bestimmt wa„ren, anvertrauet seyn sollte, war es, der Billigkeit und „der Natur der Sache gemäß, einer jeden Gemeinde, „oder der gesammten Geistlichkeit und dem ganzen Volke, „worüber der Bischof gesetzt werden sollte, überlassen, „einen ihnen anständigen Mann, bis zur Genehmigung „der höchsten Gewalt, dazu zu wählen. Also war es „nicht der Clerus alleine, der zu wählen hatte, sondern „die Bürgerschaft der Stadt, worin der Bischof seinen „Sitz hatte, und die Ritterschaft des ganzen Sprengels, „dem der Bischof vorstehen sollte, waren berechtiget, an „der jedesmaligen Bischofswahl Theil zu nehmen. Selbst, „was die Geistlichkeit betrift, war nicht, wie jezt, blos „eine gewisse Anzahl Domherren, die unmittelbar zur „bischöflichen Hauptkirche mitgehörten, sondern die ganze „Klerisey der Stadt und des Landes zu gleicher Theilneh„mung an jeder Wahl berechtiget.“

„Es war aber vorerst mit den Domherren nach und „nach in den meisten Bißthümern eine merkliche Verän„derung vorgegangen. Seit Ludwigs des Frommen

„Zeiten sollten sie eigentlich, nach der von einem gewissen „Bischof Chrodogang zu Metz aufgebrachten Regel, „auf ähnliche Art, wie Mönche, ein gemeinsames Leben „führen, beysammen wohnen, an einem Tische essen, in „einem Hause schlafen u. s. w. Verschiedene bischöfliche „Kirchen waren selbst ursprünglich mit Benedictiner„mönchen besetzt. Allmählig kam es aber in einem Biß„thume nach dem andern dahin, daß anstatt der gemein„schaftlichen Wohnung und Tafel ein jeder Domherr „seine eigene Einkünften zog, seine eigene Wohnung nahm, „seine eigene Wirthschaft führte, und also seine Pfründe „nach Gutfinden benutzte, auch selbst die ihm obliegenden „gottesdienstlichen Handlungen durch andere (Vicarien) „an seiner Stelle verrichten ließ. Nur allgemeine Ge„sammtangelegenheiten blieben collegialischen Zusammen„künften und Berathschlagungen vorbehalten, die dann „bey versammeltem Kapitel gehalten wurden. In solcher „Absicht war von Zeit zu Zeit die persönliche Anwesenheit „(Residenz) eines jeden Domherrn erforderlich. So „entstand ungefähr die erste Grundlage der Verfassung „unserer heutigen Domkapitel."

„Sowohl die Pfründen der Domherren, als die „bischöflichen Einkünfte waren in den meisten Stiftern „so beträchtlich, daß nicht nur um Bißthümer und andere „Prälaturen, sondern auch um domherrliche Pfrün„den die edelsten Geschlechter vom hohen und nie„dern Adel sich bewarben. Wo es nur irgend die „Umstände und Zeitläufte begünstigten, wurden bald „Stiftsgesetze (Statute) zum ausschließlichen Vortheile „des Adels errichtet, daß niemand, als wer eine gewisse „Anzahl adelicher Ahnen beweisen könne, zu Domherrn„stellen, geschweige gar zur bischöflichen Würde zugelassen

„werden sollte. Auf solche Art vereinigte sich ein gewisses „gemeinschaftliches Interesse der Domkapitel und der „Ritterschaft, um, wo möglich, den Bürgerstand sowohl „von aller aktiven als passiven Theilnehmung an den „Bischofswahlen auszuschließen. Dazu war aber kein „bequemeres Mittel, als dem jezt ohnehin in das hierar„chische System eingeflochtenen Grundsatze nachzugehen, „daß es überall unschicklich sey, weltliche Stimmen an „Besetzung geistlicher Stellen Theil nehmen zu lassen. „Fügte sich's nun etwa, wie der Fall nicht selten war, daß „bey einer Bischofswahl die Bürgerschaft einen andern „Kompetenten begünstigte, als der Klerus und die Rit„terschaft; so vereinigte diese sich lieber mit der Geist„lichkeit, oder opferte lieber ihre bisherige Theilnehmung „am ganzen Wahlrechte auf, um nur auch den Bürger„stand desto eher und sicherer ganz von allen Bischofswah„len zu entfernen."

„So kamen also die Bischofswahlen, hier früher, „dort später, meist ausschließlich in die Hände der Dom„herren; fast auf gleiche Art, wie die Kardinäle nach „und nach alleine zur Pabstwahl, und die Kurfürsten „zur Kaiserwahl gelangten. Auch in andern Rücksichten „entstanden daraus ähnliche Verhältnisse. Ein Bischof, „dem es nicht gleichgültig war, was er für einen Nach„folger bekam, suchte gern die Domherren zu Freunden „zu haben. Sie waren ohnedas gleichsam Bestandtheile „eines Leibes, da der Bischof, mit ihnen zusammengenom„men, die Kirche vorzustellen schien. Sie wurden also „zu Rathe gezogen; bald durfte ohne ihre Einwilligung „nichts Wichtiges vorgenommen werden."

„Wenn das alles zum Theil ein stillschweigendes Her„kommen zu begründen angefangen hatte; so kam man

„bald ferner auf die Gedanken, bey der Wahl eines „neuen Bischofs ihm eine Kapitulation vorzulegen, worin „er eidlich versprechen mußte, die darin enthaltenen Vor„schriften zu beobachten. So entstand ein ganz neues „Verhältniß zwischen Bischöffen und Domkapiteln, welche „letztere während der Zwischenzeit (Sedisvacanz), wenn „der bischöfliche Stuhl durch Todesfall, Resignation, oder „sonst erlediget war, ohnedas alle bischöfliche Gerechtsame „auszuüben bekamen."

„So verlohr sich aber auch beynahe ganz die ur„sprüngliche Bestimmung der Bischöffe und Domherren. „Beyde kamen jezt in solche Umstände, daß man kaum „mehr daran dachte, daß Gottesdienst und geistliche „Verrichtungen ihr Geschäft seyn sollten. Bißthümer und „Pfründen wurden jezt als Stiftungen angesehen, die „zum Vortheile des hohen und niedern Adels errichtet „waren, und Söhnen, die mit Geschlechtsgütern nicht „versorgt werden konnten, zur Versorgung dienen „mußten."

Man kann in unserm Erzstifte die Epoche, wo die Domkirche zu Mainz ihre wahre Einrichtung und Form bekam, auf die Regierung des heiligen Willigis setzen. Dieser fromme und zugleich geltende Erzbischof bewog die Kaiser aus dem sächsischen Hause, besonders Otto II, zur Stiftung oder Bereicherung einer Menge Kirchen und Klöster, und so auch vorzüglich der Metropolitankirche *a*). Er versetzte den heiligen Stephan mit einer neuen Kirche auf den heutigen Stephansberg *b*), und weihte die Dom-

a) Siehe in Gudenus *Codex diplomaticus* hin und wieder die Urkunden darüber. Auch bey Joannis.

b) Joannis T. I — II.

kirche einem unter den Franken vorzüglich geschätzten Heiligen, dem Ritter und Bischofe Martinus *a*), zu Ehren. Die andern Stiftskirchen zu St. Peter, zu unserer Lieben Frauen, zu St. Viktor, zu Aschaffenburg ꝛc. verdankten ihm, wo nicht ihre Gründung, doch ihre Bereicherung *b*). Alle diese geistlichen Bruderschaften wohnten nach der Regel deß Bischofs Chrodogang noch beysammen. Der Bau der Kirchen, die Kreuzgänge, das Schlafhaus, die Bibliotheken und Nachtleuchten zeugen noch heut zu Tage von der alten Einrichtung dieser Stifter *c*). Unter denselben wurde denn das Domstift natürlicher Weise am meisten bedacht, und ihm ein vorzüglicher Glanz und vorzügliche Reichthümer beygelegt *d*). Diese Schankungen machten es möglich, daß die einzelnen Chorherren, auch ohne gemeinschaftliche Wirthschaft zu treiben, jeder vor sich ganz gut auskommen und wohnen konnte. Ja

a) Adel und Geistlichkeit — Ritter und Prälaten mußten einen solchen Heiligen haben. — Allein wie oft vergassen sie, daß unser Kirchenpatron als Ritter die Armen beschenkte, und als Bischof die Ketzer schonte. Schon früher hieß es in *Gesta Franc.* C. XVII: vere beatus Martinus bonus in auxilio, sed carus in negotio.

b) Gudenus *ibid.* Joannis T. II. In diesem Theile findet man die Chronik aller unserer Hauptkirchen.

c) Der Dom, die Liebfraukirche, die Johannis-, Stephans-Aschaffenburger und Binger Kirchen ꝛc. haben alle noch ihre alten Kreuzgänge, auf welchen man auch die andern Gebäude, z. B. die Schlafgänge, Archiven, Kapitelstuben, Bibliotheken nicht undeutlich sieht. Die Dombibliotheke steht noch, und in einem neuen Glanze.

d) Siehe Gudenus *Cod. dipl.* In vielen Ortschaften hat das Domkapitel sogar die Jurisdiction, und Bingen mit dem dasigen Zolle wird von ihm verwaltet.

einigen Pfründen wurden eigene Güter und Schankungen verliehen *a*). So geschah es, daß das Chrodogangische Gemeinleben getrennt, die Pfründen unter die Chorherren getheilt, und jedem nach Maaßgabe seiner Würde sein Gut und seine jährlichen Einkünfte angewiesen wurden *b*). Uebrigens blieb doch die alte Form. Der Vorsteher des ganzen Kapitels oder Probst (Praepositus) hatte den Vorrang vor allen *c*). Der Dechant (Decanus) blieb der Aufseher im Chore, der Lenker des Kapitels, der Beobachter und Handhaber der Kirchenzucht, und endlich der Richter in den Stiftsvorfällen *d*). Der Scolaster (Scolasticus) sollte noch, wie ehemals, die Domicellaren in den Wissenschaften und den einem Geistlichen zuständigen Pflichten unterrichten *e*); allein die Fehde und Barbarey der Zeit trieb die jungen Stiftsgeistlichen um so mehr an andere Beschäftigungen, als sie mehr Musse und Reichthümer dazu hatten *f*). Der Sänger war und ist noch Direktor des Chors, der Gesänge, und sollte mit den

a) Gudenus *ibid.* Urk. LXII. LXXII. etc.

b) Man kann die Zeit an das zwölfte Jahrhundert setzen. So entstunden auch wohl die Vicarien. Siehe Gud. *Cod. dipl.* T. III.

c) Alle Urkunden beweisen es — Der Praepositus major steht überall oben an. Gud. *Cod. dipl.* — Er schrieb sich Dei gratia maior Praepositus. Urk. VIII.

d) Siehe beym Guden. die Urkunde CCLVI. ann. 1251. ferner Urk. CXCVI.

e) Siehe beym Gudenus eine besondere Urkunde CVIII. ad ann. 1190. von den besondern Rechten des Scolasters. Willigis wachte sehr darauf. Urk. CXXIX.

f) Siehe unten die Verordnungen des Erzbischofs Gerhard in Betreff der Kirchenzucht, welche gänzlich verfallen war.

Untersängern (Succentoribus) den Ton angeben *a*). Der Custos mußte für die Erhaltung und Reinlichkeit der Kirche, der kirchlichen Gebäude, und (mit den Sakristanen) für den Kirchenputz, den Schatz, und die Schönheit und Ordnung des Gottesdienstes und der geistlichen Gebräuche sorgen *b*). Die Canonici capitulares machten endlich das ganze Kapitel aus, mit Sitz und Stimme in allen die Stiftskirche betreffenden Angelegenheiten *c*). Die Domicellares waren die Kandidaten zur künftigen Chorwürde *d*). Die Vicarii vertraten die Stelle der Domherren im Chore.

Wie das Domstift als die vorzüglichste und gleichsam Mutterkirche des ganzen Mainzer Sprengels angesehen

a) Siehe Urk. LXII. — LXXII. — *apud* Guden.

b) Guden. *ibid.*

c) Sie sind in allen das Stift betreffenden Urkunden unterzeichnet. *ibid.* Der Erzbischof Gerhard II. wies die Domherren an, daß sie ihre Rechte, Einkünfte und Güter aufschreiben, in Bücher eintragen, und darüber ein Register haben möchten, woraus jeder Kapitular seine Rechte lernen möchte. Urk. CCCCV. ann. 1291.

d) Urk. CVIII. Ueberhaupt siehe über die Zucht und Verfassung der Kapitel des Erzbischofs Gerhard II. *Statuta ecclesiastica ann.* 1290. *apud* Gud. Urk. CCCCXXXI. worin befohlen wird: 1) daß die Dechante ihre Untergebenen in Chor treiben sollten; 2) daß die Chorherren dem Dechanten Ehrfurcht und Folgsamkeit erweisen sollten; 3) daß keiner der Chorherren zwey Beneficia haben sollte; 4) daß sie keine Haargrollen und Waffen tragen, nicht tanzen, und in schlechte Gesellschaften gehen sollten; 5) daß sie keine Beyschläferinnen und Weinschänke halten sollten; 6) daß sie sich nicht mit Wucher und Handel abgeben sollten; 7) daß sie keine verdächtigen Zusammenkünfte, und überhaupt die Gesetze der Kirche halten sollten.

wurde, so glaubte man, daß seine Chorherren auch die vorzüglichsten Geistlichen des Erzstiftes wären, und es ihnen nur zukäme, den Erzbischof für unsere Kirche zu wählen. Ihre Vorzüge und Vortheile machten selbst fürstliche Personen nach den Domwürden lüstern *a*); und da außer den großen Städten sonst der Adel beynahe allein (besonders am Rheine) ständig war, so wurden die Domkapitel größtentheils ein Erbtheil der Adelichen *b*).

Solche Vorrechte der Domherren brachten bald auch in weltlichen Dingen wichtige Wirkungen hervor. Die Domkapitularen wurden nun als die ersten Geistlichen des Erzstiftes, als Wahlmänner der Erzbischöffe und folglich der Kurfürsten, und gewissermassen als die durch die Kirche erzeugten *c*) Kurprinzen angesehen. Natürlicher Weise mußten sie auch als die ersten Räthe der Kurfürsten, und, da unser Land keine Stände hatte, als die Vorsteher und Repräsentanten des Staates gelten. Es war üblich, daß sie bey Festsetzung oder Veränderung der Grundgesetze, bey Anlage neuer Steuern und Schatzungen, bey wichtigen Verträgen, Veräußerungen und Vertauschungen *d*) um Rath gefragt, und zu wichtigen Gesandschaften

a) Man sehe beym Joannis T. II. das Verzeichniß der Domherren, worunter eine Menge Fürsten und Grafen angetroffen werden; besonders von Nassau, Isenburg, Erbach ꝛc.

b) Eben dieses Verzeichniß beym Joannis T. II. zeigt es schon im zwölften Jahrhunderte. Die Patricier der Städte hatten wohl auch Zutritt — z. B. die zum Jungen, Humbracht, Selhoven ꝛc.

c) Nati in Iesu Christo — wie es in der Kirchengenealogie heißt.

d) Suumque capitulum Moguntinum liberaliter consenserunt, ea

oder andern vornehmen Stellen und Geschäften gebraucht wurden. Endlich legten sie dem neugewählten Erzbischofe selbst eine Wahlkapitulation vor, worin sie sowohl ihre, als des ganzen Landes Verhältnisse und Gerechtsame bestimmten, und von demselben beschwören ließen *a*).

Nach diesem Geiste des Hauptkapitels und des Erzstiftes betrachtete man (wenigstens im Kirchenstaate) auch die andern beträchtlichen Stifter und Kapitel. Der Erzbischof war als gewähltes Haupt der Mutterkirche auch zugleich Haupt des ganzen geistlichen Staates. Diesem Verhältnisse gemäß wurden jezt die Pröbste der andern Stifter die geistlichen Vizthume oder Stellvertreter des Erzbischofes in den einzelnen Sprengeln.

Diese Sprengel waren, wie wir gesehen haben, nach der weltlichen Eintheilung der Gauen eingerichtet. Dem zufolge wurde der Probst zu St. Stephan der erste Archidiakon im Mainzer oder Nahgau; der Probst zu St. Peter Archidiakon in der Königshundrede und dem Nidgau, der Probst zu St. Viktor in dem obern Rheingau, der Probst zu St. Moriz in dem untern Rheingau, der Probst zu Unsrer Lieben Frauen in der Wetterau, und der Probst zu St. Peter und Alexander zu Aschaffenburg in dem Maingau ꝛc. *b*).

quo consensu dicta donatio sortita est debitam firmitatem. Urk. CCLXXXVII. *apud* Gudenus. Et accedente sui Capituli consensu. *ibid.* Urk. CCXXXIX.

a) Siehe hierüber umständlich die Schrift: Etwas über die Wahlkapitulationen in den geistlichen Staaten.

b) Würdtwein hat dieses in *Dioeces. Mog.* umständlich beschrieben; wo er auch den Pröbsten der übrigen Stifter ihr Gebiet anweiset. In den hessischen Provinzen war der Probst zu St. Johann Archidiakon ꝛc.

Die Archidiakonate theilte man wieder in Landdechaneyen, die Landdechaneyen endlich in Pfarreyen und Filiale ab *a*). So liefen die Kirchenangelegenheiten vom Pfarrer bis zum Bischofe und endlich zu dem Pabste. Landkapitel, Synoden und Koncilien waren die Versammlungen, worin verhältnißmäßig die Kirchengesetze gegeben; Pfarrer, Landdechante, Archidiakone und Bischöffe waren die geistlichen Beamten, durch welche die Kirchengesetze vollstreckt wurden *b*).

Nebst einem Bißthume war die Mainzer Kirche auch ein Erzbißthum. Die alten Verhältnisse blieben. Durch die Eroberungen der deutschen Kaiser in Norden und gegen die Slavischen Völker wurde der Erzsprengel erweitert *c*). Zu den alten Sufraganeaten kamen, wie wir bereits schon gesehen haben, neue hinzu. Der Erzbischof übte mithin vors erste eine vorzügliche geistliche Jurisdiction in seinem eigenen Kirchensprengel aus, alsdann appellirte man an sein Gericht von den weitläufigen Provinzen seines großen geistlichen Gebietes. Vom Nordmeere bis an die Schweizergebirge, von der gallischen bis zur polnischen Gränze wurden die Kirchenangelegenheiten an den heiligen Stuhl zu Mainz gebracht *d*). Aus diesem doppelten

a) Hontheim *hist. Trev.* I. 639. §. 8. Würdtwein *Dioeces. Mog.*

b) Siehe oben III. Buch.

c) Die jetzige Einrichtung weiset noch darauf. — Siehe oben angeführte Urkunde VI, wodurch Willigis vom Pabst Benedikt das Pallium ꝛc. erhält.

d) Sogar hatten die Mainzer Erzbischöffe das Recht, die Könige in Böhmen zu krönen. Siehe Urkunde CXCIII. *apud* Guden. T. I.

Verhältnisse der geistlichen Gewalt des Mainzer Erzbischofs entstunden vielleicht schon damals zweyerley geistliche Gerichte in der Mainzer Kirche, eins zur Schlichtung der bischöflichen, das andere der erzbischöflichen Angelegenheiten *a*).

Dieses ist ein kurzer Abriß der Verfassung des geistlichen Staates des Mainzer Erzstifts. Wie der geistliche, so war der weltliche organisirt. Denn alle weltliche Gewalt des Erzbischofs hatte in der geistlichen ihren Grund. Willigis erscheint auch hier als weiser Gesetzgeber *b*).

Die Erzbischöffe von Mainz leiteten ihre Landesherrlichkeit hauptsächlich von den ihrer geistlichen Obhut unterworfenen Kirchen her. Die Kaiser, Fürsten und das Volk beschenkten diese Kirchen zur Lösung ihrer Seelen mit Gütern, Leuten und Herrlichkeiten. Und die Erzbischöffe glaubten mit der Zeit, wie im Geistlichen, so auch im Weltlichen, die Häupter und Fürsten derselben zu seyn. Der heilige Stuhl zu Mainz hatte deren besonders vier, von welchen aus er seine weltliche Herrlichkeit herschrieb. Vors erste und vorzüglich die Dom- oder Metropolitankirche zum heiligen Martinus zu

a) Vermuthlich waren die Pröbste und Archidiakonen die ersten geistlichen Räthe, alsdenn kamen noch die geistlichen Ministeriales, die Capellani Curiae hinzu. Die meisten Unterschriften der Urkunden weisen darauf. — Aus diesem formte sich nach und nach das Vikariat. Siehe hierüber Gudenus *Elenchus Vicariorum in spiritualibus generalium.* Der erste Generalvicarius vom Jahre 1301. ist Sifrid.

b) Serarius und Joannis geben mehr seine Kirchenanstalten, als weltliche Gesetze an. Ich schalte selbe in der Schilderung der Verfassung überhaupt ein.

Mainz, zweytens die Kirche zum h. Peter und Alexander in Aschaffenburg, drittens die Kirche oder das Kloster zum h. Nazarius in Lorsch, und endlich die Kirche zu U. L. Frauen in Erfurt. Die Metropolitankirche zu Mainz verschaffte ihm die landesherrlichen Rechte in einem Theil des Nahgaues *a*), der Königshundrede *b*), des obern Rheingaues *c*), ein Stück im niedern Lohngau *d*), und den ganzen untern Rheingau *e*). Nebstdem erhielt er durch sie, als den Punkt der Missionen in Norden, die Herrschaften in Thüringen, Hessen und dem Eichsfelde *f*). Der Aschaffenburger Kirche hatte er beynahe das ganze obere Erzstift zu verdanken g). Lorsch mit dem größten Theil seiner Güter und Herrschaften in der Bergstrasse wurde dem Erzbischofe Siegfried III. vom Kaiser

a) Gudenus *Cod. dipl.*, worin man die meisten Urkunden darüber findet. Der Nahgau wurde vorzüglich in den Urkunden der Gau genannt. — Sita in superiori et inferiori Olmene, sive in aliis villis Gowiae, heißt es in der 326ten Urkunde. *ibid.* Bingen mochte wohl auch schon eine für den Mainzer Stuhl einträgliche Kirche gewesen seyn. Willigis erhielt darüber von Otto II. Bestätigung seiner Rechte. Urk. VIII. Er führte auch schon eine Brücke über die Nah. Ac pontem per Nah etc.

b) Urkunde Nro. IV — V.

c) Urk. IV — V — VIII.

d) Urk. IV — CXXX.

e) Urk. V — VIII.

f) Siehe *apud* Gud. verschiedene Urkunden. Schon Urkunde I. unter Lullus, ann. circiter 786. Die Landgrafen von Hessen trugen vieles zur Lehen vom heiligen Stuhle zu Mainz. — Das Eichsfeld kaufte Gerhard von den Grafen von Gleichen. Siehe Urkunde CCCCXIX.

g) Urk. VII — CXXX — CCCLII — CCCX. etc.

Friedrich II. verliehen, und der Kirche zu Mainz einverleibt a); und, nach Gudenus, soll sich die Herrschaft über das Erfurtische schon vom Erzbischof Wilhelm herschreiben b).

Die Verfassung und Verwaltung dieses zusammengesetzten Kirchenstaats bildete sich nach der geistlichen. Ueber einen jeden durch eine Hauptkirche erworbenen Staat wurde ein eigener Landvogt, nach Art der alten Kirchenvögte, gesetzt, welcher kurz hernach unter dem Namen Vizthum (Vicedominus) den Landesherrn in seiner Provinz vorstellte. Mainz mit seinen umliegenden Landen und Ortschaften hatte einen eigenen Vizthum, und schon im Jahre 1056. kömmt einer derselben Namens Wiso vor c). Im Jahre 1122. zeigt sich schon Warmund als Vizthum zu Aschaffenburg d). In den Jahren 1143, 1151, 1156 ꝛc. erschienen die Burgmänner von Rusteberg als Statthalter im Eichsfeld e); und im Jahre 1297. ein gewisser Kalb als Landvogt im Hessenland f). Im Jahre 1149. vertraten sogar die Hessischen Landgrafen die Stelle des

a) Urkunde CCII.

b) *Hist. Erfurtensis.* Beym Joannis T. III. *Cod. dipl.* verschiedene Urkunden. Bekanntlich war die Kirche zu Erfurt ursprünglich zu einem Bißthume angelegt.

c) Guden. *Cod. dipl.* T. I. *Mantissa Vicedominorum electoralium.* In seiner *Historia Erfut. apud* Ioannis T. III. setzt er die Anstellung der Vitzthume schon auf die Zeiten Wilhelms und Willigis. Ingressus provinciam, heißt es dort, Vicedominos seu Vicarios constituit cum ampla potestate. In der Urkunde V. *apud* Gud. T. I. kömmt schon unter Willigis ein Advocatus potens vor.

d) *Ibid.*

e) *Ibid.*

f) *Ibid.*

Kurfürsten im Erfurtischen *a*). Der Rheingau hatte bis ins Jahr 1140. noch seine alten Grafen (Rheingrafen), welche unter dem Mainzer Erzbischofe das Land verwalteten *b*). Nach der Hand, im Jahre 1251, treffen wir eigene Vizthume an, worunter Conrad von Rüdesheim zuerst genennt wird *c*).

Unter diesen Landvögten oder Vizthumen wurden diese Lande vermuthlich auf folgende Weise regiert. Die einzelnen Ortschaften und dazu gehörigen Dörfgen, Höfe und Mühlen machten einzelne Gemeinden aus, wovon jede ihre Feldmark *d*), ihr Lagerbuch *e*), ihre eigene Gerichte, Vorsteher, Schulzen und Bürgermeister hatte *f*). Vor diesen

a) *Histor. Erfurt.*

b) Im Jahre 1109. kömmt noch ein gewisser Richolf, und im Jahre 1140. dessen Sohn Ludwig als Comes Rinckaugiae vor. Letzterer erbaute die St. Bartholomäuskirche, wovon der Ort Klingelmünde jezt Barthelmä genennt. Er wurde alsdenn Mönch auf dem Johannesberg, und schenkte diesem Kloster seine Güter. Guden. *Cod. dipl.* Urk. XIX — XLVII. In eben dieser lezten Urkunde kömmt auch ein gewisser Embricho als Comes de Rinegowe vor.

c) Gudenus. *Mantissa Vicedom.*

d) In marca N. N. in N. N. marca, heißt es schon in den ältesten Urkunden.

e) Viele Lagerbücher reichen schon über mehrere Jahrhunderte hinaus. Die einzelnen Güter heißen in den Urkunden — mansus — allodium — Erbe — curtis — villa etc.

f) Scabinis et villanis earundem villarum praesentibus. Guden. Urk. CCLVII. — In einer Urkunde vom Jahre 1226, welche Pater Bär in seinen Beyträgen zur Mainzer Geschichte anführt, kommen folgende Schultheißen vor — Siboldus Sculthetus de Winkelo. Hartungus de Hatternheim. Wigandus de Eberbach. Sifridus de alta villa Sculthetі. — Bey der Urkunde XXXII. vom Jahre 1130. apud Guden. sind

Ortsobrigkeiten wurden die geringern Fälle gerichtet, unter ihrer Leitung die gemeinen Sachen abgethan, und die Gelder und Gemeinsgüter gehoben oder verwaltet *a*). Ueber mehrere solcher Gemeinden wurde ein Vogt, Vaut, Centgraf oder Amtmann gesetzt, welcher, wie die ehemaligen Centgrafen, Richter und fürstlicher Gefällverweser war *b*). Die Vizthume richteten und verwalteten alsdenn mit Zuthun entweder der Landesstände oder Vorsteher *c*), oder ihrer Gehilfen das ganze ihnen anvertraute Land, wie die

die Vorsteher der Rheingauer Ortschaften und Städte — Bingen — Lorch — Rüdesheim — Geisenheim — Winkel — Hattenheim — Steinheim und Walf ꝛc. unterschrieben.

a) Dies sieht man in verschiedenen Urkunden — besonders Urkunde CCLXXV. *apud* Guden. Ad cuius (Sculteti) officium spectat iudicare de bonis proprietariis, hereditariis, debitis aliisque causis civilibus — obwohl dieser Schulz vielleicht die Stelle eines Vogts vertrat.

b) Dies läßt sich nicht nur vermuthen, sondern man sieht es in den Urkunden — ut nullius advocati (Amtsvogt) nullius villici (Dorfschulzen) placito (Gerichte) interessent. Urk. XLVI. *apud* Gudenus. Nos in ipsa (villa) habere debemus *Cintgravinn*, ad quem de causis sanguinis, et eis, quae vulgo dicuntur *Vrevel* — pertinet iudicare. Urk. CCLXXV. Daß alle die, die da wohnent binnen den Muren zu Mentze — keines Vauts tetinge uzwendig der Muren halden sollen, noch keinerlei Schazungen und Bete me geben soln. Urk. XLV.

c) Der Vizthum hatte immer den Vorsitz — und bey Schankungsbriefen ꝛc. steht er oben unterschrieben. Guden. *Cod. dipl.* — Im Eichsfeld giebt es noch Landesstände — im Rheingau thaten es die Ortsvorsteher. Siehe obige Urkunde XXXII. Sunt autem hec nomina Scabinorum, qui intererant collatione praedicte. Und nun folgen die Namen der Schulzen ꝛc. Urk. CCLVII.

die ehemaligen Gaugrafen *a*). Abgelegene und größere Distrikte mochten wohl auch schon unter den Vizthumen ein mittel- oder unmittelbares Oberamt ausgemacht haben *b*). Alle Angelegenheiten des ganzen Kurthumes liefen endlich bey dem Hofe oder Schlosse des Kurfürsten zusammen. Er hatte um sich sein Domkapitel, seine Räthe, Ministerialen *c*), und Hofrichter *d*), und je nachdem

a) Sie heißen auch öfters noch in den ältesten Urkunden Comites — advocati. — In der Urkunde V. *apud* Guden. *Cod. dipl.* heißt der Stellvertreter des Erzbischofs Advocatus potens. Sie ist aus den Zeiten des Erzbischofs Willigis — vom Jahre 974.

b) Pater Herrmann Bär, in seinen Beyträgen zur Mainzer Geschichte, giebt Eltvill als den Punkt eines damals schon über mehrere Ortschaften gesetzten Oberamts an. In der Urkunde XLVII. *apud* Guden. ad ann. 1140. scheint auch der untere Rheingau schon ein eigenes Amt ausgemacht zu haben; indem nur die Vorsteher dieses Theils unterschrieben sind. Kurz hernach finden wir den Rheingau in drey Aemter zertheilt. Bey Bär Beyträge. Dieses war um so mehr der Fall in abgelegenen Distrikten, z. B. Lohnstein — Hessen ꝛc. — Im Rheingau gab es auch zuweilen zwey Unter-Vizthume. Siehe Guden. *Mantiss. Vicedom.*

c) Sie dienten als Capellani curiae oder ministeriales zuerst nur dem Hofe; wurden aber bald, wie es mit den Hofleuten immer geht, auch in Staatssachen gebraucht. — In allen damals ausgestellten Urkunden findet man ihre Namen unterschrieben. Im zwölften Jahrhunderte kommen sie schon als Mundschenken (pincerna), Truchsessen (dapifer) und Marschälle (mariscalci) vor. Urk. LIX. *apud* Guden.

d) Vermuthlich war schon unter Willigis der in der Urkunde V. *apud* Guden. sogenannte Advocatus potens Hofrichter. Gudenus sagt von dem in der Urkunde CCCCXIV. ad ann. 1294. vorkommenden Stadtgerichte folgendes: 1ste Camerarius.

er ein fähiger und thätiger Fürst war, that er vieles selbst ab *a*). Im übrigen stund der Erzbischof als Fürst und Reichsstand mit dem ganzen Lande unter dem Kaiser und Reich. Man sieht hieraus, daß der Kurfürst in weltlichen Dingen an die Stelle der alten Herzoge, und der Vizthum unter ihm an jene der Grafen getreten war; aber alles mit und unter landesherrlicher Gewalt.

Nebst diesen mittelbar freyen Bürgerschaften und Aemtern hatte das Erzstift (wie alle Staaten der Zeit und bis auf heute) auch leibeigene Ortschaften und Leute. Dieselben waren auch zu allen den Frohndiensten, Abgaben und unnatürlichen Erfodernissen verpflichtet, welche der barbarische Geist des Mittelalters der Menschheit aufgebürdet hatte. Indessen ist es doch aus der Geschichte und selbst aus der Natur des geistlichen Standes erklärbar, daß die Leibeignen der geistlichen Staaten, und besonders die des Mainzer Erzstifts nicht so hart und unmenschlich gehalten wurden, wie anderswo. Außer den Frohndiensten und einigen besondern Abgaben schienen sie mit andern Unterthanen gleich gehalten zu seyn *b*).

Unter allen Herrschaften des Mainzer heiligen Stuhles erhielt der Rheingau am längsten, wie seinen alten Namen und Gränzen, so auch seine alte Verfassung. Er hatte

Scultetus et quatuor illi iudices constituebant iudicium seculare, seu civicum, vulgo Stadtgericht. Dicasterium in terris Moguntinis omnium antiquissimum. Camerarius officio praesidis fungitur. Aus solchen Anlagen mag sich alsdenn das Hofgericht gebildet haben.

a) Z. B. Hatto, Willigis, Gerhard rc.

b) Unsere Regierung arbeitet schon lange daran, die Leibeigenschaft gänzlich aufzuheben.

noch im Jahre 1140. seine eigenen Gaugrafen *a*), und fast bis auf den heutigen Tag seine Gauthinge und Hayngerichte *b*). Sie wurden meistens auf der sogenannten

a) Ringravius Wolframus ab imperio habet in beneficio Bannum in Rinchowe super Comeciam. — Item ab archiepiscopo Moguntino habet in beneficio Comeciam in Rinchowe. — *Descript. bon. Ring.* — Bey Kremer *Orig. Nassov.* das heißt: erst war der Rheingraf vom Reiche, dann, als der Erzbischof von Mainz Landesherr wurde, von diesem mit der gräflichen Würde und dem Grafenamte im Rheingau beliehen. Die letzten Gaugrafen des Rheingaues waren, wie ich oben schon anführte, Richolf und Ludwig; alsdann wurde vermuthlich ihre Würde dem Vizthume übertragen. Wir finden auch in diesem Lande hernach mehrere Untervizthume. Siehe Guden. *Mantiss. Viced.*

b) Ich werde in Beschreibung des Rheingaues dem gelehrten und wirthschaftlichen Manne, P. Herrmann Bär, nicht vorgreifen. Nur wünschte ich, daß er die versprochenen übrigen Theile über die Verfassung seines Vaterlandes bald liefern möchte. Der erste Theil läßt uns eine genaue und schöne Darstellung derselben vermuthen. Mit seiner bekannten Landeskenntniß und den Schätzen des Klosters Eberbach kann er es. — Sein Werk wird vermuthlich eine Schrift pro domo ad pontifices. Ich verweise demnach meine Leser auf dieses gelehrten Geistlichen Beyträge zur Mainzer Geschichte. In diesem Werke ist unter Nro. XI. eine Urkunde abgedruckt, worin durch einen Spruch des Hayngerichts vom Jahre 1226. dem Kloster Erbach das Markrecht zugestanden wird. Unter andern heißt es daselbst: Sciant igitur universi Xpi fideles, quod milites et comprovinciales de Rinecouwe et de villis circa montem sitis iuxta grangiam nostram Mappen (Mapperhof) convenientes de terminis silvarum conferebant. Die Schulzen und Vorsteher der meisten Ortschaften sind unterschrieben.

Grafenaue, wie ehemals, unter freyem Himmel gehalten *a*). Die Landwehre richtete sich noch, wie sonst, als ein unter dem Grafen oder einem erwählten Ritter ausgeführter Heerbann; und zur Zeit des Faustrechts und der Fehde halte das ganze Land durch das sogenannte Gebück und seine Bollwerke eine allgemeine Landwehre *b*).

„Nicht minder klug waren ihre Anstalten (sagt P. Bär) „zur Vertheidigung. Für diese hatten sie ein ständiges „System errichtet, und solches zu einer Landordnung „gemacht. Nach derselben mußte jeder Bürger Soldat „seyn, und bey seiner Aufnahme zur Fahne des Vater„landes schwören. Jedem waren die nach der herrschen„den Kriegsart nöthigen Waffen vorgeschrieben, die er „sich anschaffen mußte. Doch standen nicht alle in gleicher „Pflicht. In jeder Gemeinde war von der jüngern

a) Die Grafenaue wurde vermuthlich hernach vom letzten Gaugrafen Ludwig Lützelaue genennt. Cum *Comitis insula*, heißt es in der Schankungsurkunde des letzten Grafen, bey Gud. Urk. XIX. — Dann in einer Urkunde vom Jahre 1279.: Nos partibus convocatis in locum, qui dicitur Lucelnawe. P. Bär Beyträge.

b) Das Gebück war eine auf den Gränzen des Landes fortlaufende dicke, beynahe undurchdringliche Wildniß — sie wurde durch an dem Wipfel abgeworfene Bäume gezogen, deren zur Erde hangende Aeste sich gänzlich in einander verwickelten. Wo das Gebück durch Landstraßen oder Wege durchschnitten war, hatte man verhältnißmäßig grose oder kleine Bollwerke errichtet. Die vornehmsten dieser Vesten sind der Backofen bey Niederwalf — der Stock — die Klinge — Hausen — der Busenhan — Mappen — und der weiße Thurn. — Von den meisten kann man noch heute die Ueberbleibsel sehen. Siehe P. Bär Beyträge — worin das ganze Gebück umständlich beschrieben ist.

„Bürgerschaft ein Ausschuß bestimmt, der sich vor andern „auf alle Fälle zum Feldzuge gefaßt halten mußte. Seine „Zahl blieb immer voll, und ward durch den Heranwachs „neuer Bürger ordentlich rekrutirt. Er war gleichsam „die ständige Garnison des Vaterlandes, und nach der „damaligen Aemterzahl in drey besondere Rotten einge„theilt. Sie standen unmittelbar unter eben so vielen „Landhauptleuten, zu welcher Stelle man nur versuchte „und solche Männer wählte, die ihre Kriegskenntnisse „und unerschrockenen Muth genugsam bewiesen hatten. „Von ihnen ward diese Miliz im Kriege angeführt, und „zu Friedenszeiten in den Waffen geübt. Dazu waren „gewisse Tage und Sammelplätze bestimmt. Die Waffen„übungen geschahen öffentlich, und unter den Augen der „Landschaft. Dadurch wurden bey der ältern, schon „ausgedienten Mannschaft die vormaligen Kenntnisse und „Fertigkeit unterhalten, und bey der noch nicht dienst„fähigen Jugend die Waffenlust und Herzhaftigkeit vor„läufig angefacht. Diese wuchs, wie einst zu Sparta „und Rom, in einer Kriegsschule auf, ward frühzeitig „mit den Waffen bekannt, muthig, unerschrocken, und „erwarb den Rheingauern einen ausgebreiteten Ruhm der „Tapferkeit."

„Sobald eine Fehde angesagt, oder ein Ueberfall zu „befürchten war, mußte die ordentliche Miliz unter ihren „Befehlshabern ausziehen, und die ihnen angewiesenen „Gränzposten besetzen, welche man in Friedenszeiten nur „durch Waldschützen bewachen ließ. Stellten sich die „Feinde zahlreicher ein, so rückten aus der übrigen „Bürgerschaft so viele nach, als zum genugsamen Wider„stande nöthig waren. Das ganze patriotische Heer ward „ordentlich vom Vizthume en Chef kommandirt. Dieser

„war konstitutionsmäßig immer aus dem inländischen „Adel ernannt, und hatte darum alle Eigenschaften für „dieses Kommando. Denn als Ritter war er nach „herrschender Sitte von Jugend auf in der Kriegsschule „erzogen; und als Innsaß kannte er die Situation „seines Vaterlandes, um auf den Fall eines feindlichen „Angrifs die Vertheidigung nach einem richtigen Plane „einzurichten. Durch so zweckmäßige Anstalten war „unser Rheingau gegen auswärtige Feinde gesichert, „und bis in die Mitte des sechzehnten Jahrhunderts „finde ich keine Nachricht von einer verheerenden Ueber- „ziehung."

„Gegen einheimische Befehdungen und die mit solchen „ordentlich verbundenen Raubereyen waren die Rhein- „gauer durch ihr Provinzialbündniß verwahrt. So zahl- „reich immer der unter ihnen angesessene Adel war, konnte „er sich doch gegen die Macht der bewaffneten Bürger- „schaft, die für Einen Mann stand, nicht messen; und „seine sonst epidemische Neigung zur Reiterey ward „durch entschiedenes Uebergewicht der Gemeinen im „Zaume gehalten. Ohnehin war er den Landesgesetzen, „in wie weit solche das öffentliche Wohl betrafen, nicht „minder, als die Bürgerschaft, unterworfen, und „mußte dann auch bey eigenen wechselseitigen Zwistig- „keiten auf das ihm sonst zuständige Faustrecht in „dem Umfange des Rheingaues Verzicht thun. Eine „der hellesten Zeiten würdige Verfassung, wodurch in „unserm Vaterlande bey den in der übrigen deutschen Welt „periodischen Fehden ein ewiger Landfrieden blühte! Ruhe „von innen, Sicherheit von aussen, erlaubten den Ein- „wohnern von ihrem gesegneten Boden, ihrer Industrie „und Sparsamkeit alle die Vortheile zu ziehen, welche

„durch abwechselnde Plünderungen anderswo so oft zer„nichtet wurden.“ *a*)

Eine solche Verfassung in allen andern Mainzischen Landen würde wohl, wie in den übrigen deutschen Provinzen, Landschaften oder Landesstände hervorgebracht haben. Allein die in verschiedenen Zeitpunkten *b*) erworbenen, und so zerstreut liegenden *c*) Herrschaften des Mainzer Erzstifts verhinderten es. Dazu kam noch, daß nach der Zerstückelung des Rheinfränkischen Herzogthums der Adel und die großen Städte sich unmittelbar zu machen suchten. Unser Rheinische Adel, obwohl er in den verschiedenen Ländern ansäßig war, und sogar größtentheils unter die Lehnleute und Ministerialen der Fürsten gehörte *d*), entzog sich bald der Jurisdiktion und Mittelbarkeit des Landes, machte insgesammt einen eigenen Körper aus, und theilte sich in verschiedene Kantons ab *e*). Er genoß auf die Art aller Vortheile, und sogar der Hoffnung zur Fürstenwürde des Landes, ohne seine Beschwerden zu theilen, oder wenigstens als Landstand das Volk zu vertreten *f*).

a) P. Hermann Bär Beytr.

b) Vom achten bis ins zwölfte Jahrhundert, und weiter.

c) Am Rhein, am Main, in Hessen, Eichsfeld, Sachsen.

d) Siehe bey Gudenus in den Urkunden die Namen der als Ministeriales Unterschriebenen; und verschiedene Schriften de Ministerialibus bey Pütter Reichshistorie.

e) Knipschild *de nobilitate etc.*

f) Die Brömser, und sonach die Erthal, die Dahlberg, die Greifenklau, die Ingelheim, die Groschlag, die Langwert, die Fechenbach ꝛc. waren alle landsäßig. Die sogenannten Ministeriales und Vasallen wurden öfters mit dem Domkapitel als Vertreter des Volks angesehen, ohne deren

Die großen Städte suchten ähnliche Freyheiten und Vorrechte. Viele derselben, z. B. Frankfurt, Worms, Speyer ꝛc., welche im alten Rheinfränkischen Herzogthume lagen, genossen schon wirklich der Unmittelbarkeit, andere strebten darnach. Diese Municipalitäten machten bald kleine Republiken aus, und erweiterten ihre Freyheiten und Gerichtszwang in gleichen Schritten mit den Fürsten und übrigen Ständen des Reichs. In unserm Lande hatten Mainz a), Bingen, Aschaffenburg b), Erfurt c), Eltvill d) ꝛc. schon große, ihnen von Kaisern und Kur-

Einwilligung keine wichtige Veränderung, keine Schankung oder Tausch im Erzstifte konnte vorgenommen werden. Daher heißt es auch bey Gudenus Urk. CCXXXIX.: Et accedente sui Capituli consensu, de conscientia et omnium Ecclesie Moguntine Ministerialium et Vasallorum etc. Im Eichsfelde sind noch die Landesstände vorhanden — und es wäre zu wünschen, daß der heut zu Tage noch insäßige Adel mehr unserm als fremden Ländern diente.

a) Siehe bey Gudenus die Urkunden XLV. und CCXL.

b) Bingen und Aschaffenburg behalten noch ihre alte Municipalitäts- und Magistratseinrichtung — Siehe verschiedene Urk. *apud* Guden.

c) In civitatibus locatis, iura civium et magistratus concessa, dictique *Patricii*, alii, qui ius defensabant, *Landsassii*, constituit, sagt Gudenus in *Histor. Erfurt.* vom Erzbischof Wilhelm und Willigis.

d) Locum Eltevill situm in Ringowia — auctoritate nostra imperiali — libertationis beneficio decoramus, ita quod idem locus muris, fossatis et aliis munimentis circumcingi valeat. — Locus et incole ipsius libertatibus et emunitatibus ad instar oppidi nostri Frankfurdensis, cum peractione fori ebdomadalis perpetuo libertati intelligantur, et per omnia habeantur. Urk. Kaiser IV. *apud* Guden. T. III. In einer Urkunde, welche P. Bär in seinen Beyträgen zur Mainzer Geschichte vom

fürsten zugestandene Privilegien. Andere, wie z. B. Obernburg, Selgenstadt, Hofheim, Höchst, Lohnstein rc. genossen wenigstens der Municipalitätsverfassung beträchtlicher Landstädte. Sie hatten ihren aus ihrem Mittel gewählten Rath, ihre Stadtschultheiße, ihre Jagd-, Forst-, Mark- und Schützenfreyheiten *a*).

Unter allen Städten des Mainzer Landes erhielt Mainz, als die Hauptstadt des Erzbisthums, und von jeher eine der ersten Städte der Fränkischen Monarchie, die meisten Vorrechte *b*); ja sie schien sogar bis auf Adolph II. mehr, als eine bischöfliche Stadt seyn zu wollen. Die Kurfürsten behandelten sie wie eine nur ihrem Schutze anvertraute Gemeinde. Sie machten Verträge und Bündnisse mit ihr; und in ihren Streitigkeiten zeigten sie sich mehr unter dem Namen der Vermittler und Austräger, als ordentliche Richter und Oberherren. Bey allem dem behaupteten die Kurfürsten doch immer die Landeshoheit, und betrachteten die Freyheiten der Stadt, als von ihnen derselben gestattete Privilegien.

Mainz muß schon frühe große Freyheiten besessen haben. Als die Bürger im Jahre 1115. dem Kaiser Heinrich V. ihren von ihm gefangenen Erzbischofen Adelbert I.

Jahre 1369. unter Nro. XXXIV. anführt, heißt es: des zu Orkunde und merer Stedigkeit hant wir gebedin dy yrbern wise Lude den Scholtheisen und die Scheffen der Stat zu Eltivil rc.

a) Die Urkunden darüber sind wenig bekannt — aber doch vorhanden. Siehe Guden. *Cod. dipl.* hin und wieder. T. II. Urk. CXXIII — CLVI.

b) Schon in den ältesten Zeiten heißt es: Moguntia metropolis Franciae et regia civitas — Metropolis orientalis Franciae et principalis pontificis sedes Germaniae et Galliae. —

mit gewaffneter Hand abforderten, verlieh er ihnen zur Dankbarkeit jenen Freybrief, dessen Inhalt noch auf den an der Liebfraukirche befindlichen Thüren von Erz eingegraben ist. Bey Gudenus kömmt er in einer schlechten Uebersetzung folgendermassen vor: „Daß alle die, die da „wohnent binne der Muren zu Mentze, und auch darin „verbleiben wollen, keins Vauts tetinge uzvendig der „Muren halden sollen; noch keinerlei Schazungen und „Bete me geben soln. Danne sie solln fürbaz me Irs „angebornen Rechtes sin ane allerlei Schezunge.“

Diese Privilegien wurden der Stadt hernach vom Kaiser Lothar II. bestätiget. Die Bürger, durch solche Freyheiten muthig gemacht, erweiterten täglich ihre Unabhängigkeit, und stunden mit andern Städten im Begrif, sich gänzlich unmittelbar zu machen. Den Erzbischöffen konnten solche Aeußerungen der Stadt nicht gleichgültig seyn; und Siegfried III. ergriff seine bisher siegreichen Waffen gegen Mainz, belagerte und eroberte es. Die Bürger mußten für jezt der Uebermacht weichen, zeigten eine anscheinende Unterwürfigkeit, schläferten dadurch den Erzbischof ein, überfielen ihn aber kurz darauf wieder in seiner Burg, und drangen ihm einen noch wichtigern Freyheitsbrief ab, als ihn Adelbert ausgestellt hatte *a*).

Gudenus hat uns diese magna Charta im ersten Theile seiner Urkundensammlung aufbewahrt. Durch denselben sagte er die Stadt von seiner gemeinen Gerichtsbarkeit und von allen seiner Kammer sonst zuständigen Schatzungen los; er gestattete den Bürgern die freye Wahl ihres Raths und ihrer Magistratspersonen, übergab denselben das Stadtregiment, und legte, da er sie sich unterwerfen wollte, den Grund zu ihrer Unabhängigkeit.

a) Siehe den großen Freybrief apud Guden. T. I. Urk. CCXL.

Die Nachfolger Siegfrieds bestätigten diese Freyheiten, und Mainz fieng allbereits an, sich der Landeshoheit seiner Erzbischöffe zu entziehen. Es gab nun einen anhaltenden Streit zwischen der fürstlichen Gewalt und städtischen Freyheit. Unter dem Kurfürsten Theodorich kam die Sache von beyden Seiten zur kräftigen Sprache; man führte für und wider seine Gründe und Gerechtsame an. Die Streitigkeiten dauerten fort, bis endlich im Jahre 1462. alle Freyheiten der Stadt scheiterten *a*).

In der Fehde zwischen dem Erzbischofe Diether und Adolph nahm Mainz Theil an diesen Streitigkeiten. Sie stellte sich auf die Seite des vom Pabste widerrechtlich geächteten Diethers, und zog sich dadurch die Rache Adolphs zu. Derselbe überrumpelte sie bey Nacht durch Verrätherey einiger Bürger, und beraubte sie aller von seinen Vorfahrern ihr gestatteten Privilegien. Die Bürger fochten von Morgens frühe vier bis Abends nach drey Uhr wie die Löwen. Da aber ihre Häuser hinter ihnen abgebrannt, und sie selbst von ihren Freunden und Mitgenossen verrathen wurden, mußten sie sich ergeben. Faust und Dyermestein, zwey ihrer Bürgermeister, wurden im Gefechte tödtlich verwundet. Heinrich Furt, ihr Hauptmann, getödtet; und über dreyhundert blieben auf dem Kampfplatze zwischen der Gaugasse und dem Thiermarkt *b*). Sie fielen mit dem Handel ihrer Mutterstadt.

a) Ioannis T. I. Gudenus T. I.

b) Hellwich *Diss. Mogunt.*

Unn wie sich die Geschicht zu Menz verhandelt begeben habe sollent ir wissen daz ein Reysege Kneht genant Heinz von Hecksheim by Herzog Ludwigen Graven zu Veldenz ist der hatt sine Husfrau zu Menz gehabt wonen die dann Sternenberger zu Menz der ein Burgermeister so es an ime was und dis Jare

Mainz verlohr auf die Weise seine zweydeutigen Privilegien, und seine gothische Form; aber nicht seinen Ein-

ein Rechemeister zu Menz gewest ist zugehort derselbe Heinz ist zu mermaln sehs oder VIII Tage zu Meinz by siner Husfrauwen gewest und hat der Wacht und aller Bestellunge achtgenommen und mit Sternenberger sinem Swager und einen andern Jme Ratte genant Dude der ein Burgermeister Buwe Meister was Also das Jme die Pforten und Wacht entpfollen waren ein Verstentnisse gemacht dieselben zwene haben ir Wissen mit den Wachtern die uff dem Thorne an die Gawpforten waren gehabt und daz innerste Thore das in die Stat geet an Mytwoche zu Nacht nehst vergangen offen gelassen. Also kame in der Nacht ganz ungewarnter Dinge Herzog Ludwig und der von Konigstein sollichen mit tusent Pferden und hattent by den zwey tusend Rinkgauer und Switzer und liesen uber die Graben und Zwinger Leitern und uff fünffhundert in Meinz und vil in den Zwinger stigen. Des teilten sych ein Teyle an die Alt-Munster Pforden die widern bliben by der Gauwe Pforten und schnyeten die ussersten Thore uff dan an dem ende waren die Thore dru vor einander und Menz am besten befestiget, und alz der Tag anbrach am Dornstag umb fünff Uwern wart man ir geware und hube an zu stormen da hetten die Fiende Wege und Kerche vor sich gezogen und alz man zulieffe da datten sych die Feinde herfür und huben an zu kecken und schossen sich mit Buchssen und Pfhilen mit den Meinz und slugen sie hinder sich also kame die Flucht In die von Menz daßie hinder sich flogen mit dem kame Her Reinhart Truchsesse und Conz Echter die hetten vil Volkes gesammelt und dratten uff den Diepmark zu der Pforten gegen den Vyenden mit demselben gienge die Pforten uff und dratten die Fyende mit Macht zu der Stat Jne uff den Dyepmark da bliben der Fiende ob funzig dott desglichen der Burger auch ein Teile und doch nit vil anders dan der ein Burgermeister genant Dyermstein wart erstochen. Da kame die Flucht wieder In die Burger da nament die Fient den Thorne uff der Gauwepforten und den Thorne darneben In, da treibe Reinhart der Truchsess die Burger wieder und slugen die Finde wieder hynter

fluß auf die Reichs- und Welthändel. Von dieser Stadt war die altrömische Kultur über das nördliche Europa

sich uß den Hoffen bis uff den Dietmark und hetten sich die Fiende gern gefangen geben, und wollten wieder zu der Stat uß. Da branten sich die Burger und detten sich in die Huser und wolten sich darnach nit me wehren oder uß yren Hussern komen. Also kamen myner gnedigen Herren diener mit III. C. Pferden anderhalp hundert Switzern und vil Menner In die Stat und slugen sich mit Vienden bitz nach drien Uwern nach Mittage vnd slugen ir vil tode. Sie hetten aber keine Hilfe von den Burgern anders dan Fust der Burgermeister für sere erbercklichen vnd waz bitz zu ende an der Spizen da wart er auch off den tott wunt. So mogten sie nit Buchsen oder Geschüze alz Jnen wole not gewest were von den Burgern bringen dann ir vil von Parthien waren. Da stießen die Viende die Stat an viel enden an vnd branten sie nemlich off dem Diepmark by den Bredigern vnder den Schußitern vnd uff dem Fyschmark da daz die von Meinz sahent da deidigten sie mit den Fienden und trosten Herzog Ludwigen der von Königstein und Juncker Winrich vom Oberstein vnd andere. Die Burger irs Libs vnd Guts, also daz sie dem nuwen Bischof Gehorsam detten vnd Jne vor einen Bischof zu Menz uffnemen vnd sich nit wettern dassie auch detten vnd gebotten Yedermann daz sich nyeman weren solt. Dannoch hetten Myner Herren diener und die Burger alle Pforten und Thorne Jnne one alleine die Gauwe Pforte und den Thorn darneben vnd waz allen Menzeschen Pfalzgrafschen vnd Katzenelnbogschen Lande uff gebotten die alle mit großer Macht zu zugent Jn Meynunge hetten sie ein Pfort in behalten sie wolten die Fiende dannoch uß der Stat geslagen haben. Aber so balde den von Menz Trostunge zugesagt wart da reide der Burgermeister einre genant Lemmelhenne der sich darfür den ganzen Tag der Dinge nit gekrut hette mit Junker Winrich vom Steine an alle Thorne und Pforten vnd gebott den Burgern by iren eiden daz sie von den Pforten und Thornen geen und myner Herren Lude keinen Bystand me thun solten dassie auch detten und slussen die Pfor-

ausgegangen. Von dieser Stadt sollte die christliche Bildung den Norden erleuchten. Von dieser Stadt wollte Karl der Große die deutschen Künste und Gesetze über die römischen siegen machen. Allein was der altrömische Drusus, der neurömische Gregorius, und der deutsche Karl bewirken wollten, ist eitel Machwerk gegen das, was jezt zwey Mainzer Bürger bewirkten. Von Mainz aus sollte durch Walpoden und Guttenberg Recht, Frieden und Aufklärung über die ganze Welt verbreitet werden.

ten zu und nament die Fiend die Slussel Also bliben vil der Ritterschaft uff den Thornen Sie hetten aber kein Pforten inne den sagten Jne die Herren Trostung zu Sie hielten Jne aber daz nit da vilen ein Teile von den Thornen ein Teile ergaben sich in der Nacht dann die Thorne warent daz merteils nit gewelbet, und wolten sie die Feinde ußgebrant haben. Also hat myn Herre von Meinz XVIII. edeler und XXXV. Knecht und by hundert Pferden verlorn die gefangen worden und sind von der Gnaden Gots allen mynen Herren mit der Reisigen Sonder etlich Switzer und Menner der ich doch mein vber funzig nit tod bliben der Widerparthie sind vil guter Lude erslagen, und sint von allen Teilen off den Tag ob funff halp hundert Menschen tot vnd off der Gaßen ligen bleben der sint III. C. In ein Grube zu Sant Agnesen geleit worden. rc. Manusc. apud Kremer Geschichte Friedrichs des Siegreichen. Schwarz hat diese ganze Geschichte in dem zweyten Theile seines Diethers von Isenburg umständlich beschrieben.

V. Buch.

Walpoden,

oder

die Geschichte von Mainz im Rheinischen Bunde.

Vom Jahre 1200 bis 1400.

Die Verfassung, welche das deutsche Reich, und unser Erzstift insbesondere, zu der Zeit hatte, war nicht fähig dem eingerissenen Fehdewesen, dem Faustrechte und überhaupt der daher entspringenden Barbarie des Mittelalters Einhalt zu thun. Auf einem der berühmtesten Reichstäge, welcher unter Kaiser Friedrich II. im Jahre 1235 schier von allen deutschen Fürsten zu Mainz gehalten wurde, gab man zur Beförderung des Landfriedens neue Gesetze, setzte neue Richter an, und ließ die Abschiede sogar in deutscher Sprache abfassen und dem Volke verkünden *a*). Wilhelm und Willigis setzten Vizthume und Vögte an, um der Gerechtigkeit mehr Förderung zu geben *b*). Wer-

a) Anno 1235 curia celeberrima in assumtione B. Mariae apud Moguntiam indicitur, ubi fere omnibus principibus regni teutonici convenientibus pax juratur, vetera jura stabiliuntur, nova statuuntur, et teutonico sermone in membrana scripta omnibus publicantur. Gottfried. *apud* Freher. Wir setzen, daß unser Hof habe einen Hofrichter, der ein frey Mann sey — der soll alle Tage zu Gericht sitzen, und soll allen Leuten richten, die ihre Klagen von allen Leuten ohne von Fürsten und andern hohen Leuten — das wollen wir selber richten. Ordnung K. Friedrichs II.

b) Joannis rer. mog. T. I. Gud. hist. Erfort. und cod. dipl. Urk. V — VIII.

ner und Siegfried schützen ihr Land sogar mit Waffen und Verträgen c). Die Kirche selbst trat ins Mittel und drohte mit Bann und Flüchen, um den Gottes- oder Landfrieden zu bewirken a); alles war fruchtlos. Die Fehden und Mordthaten dauerten fort. Jedes Schloß am Rheine war ein Raubnest, welches alle Sicherheit und Verkehr aufhob. Die Dörfer und Burgen wurden abgebrannt, die Städte niedergerissen, die Felder des armen Landvolkes verwüstet, und selbst die Fürsten hatten keine Ruhe und Behaglichkeit in ihren Schlössern. Kein friedliches Kaufmannsschiff war auf den Flüssen, kein Wagen auf der Landstraße, kein Bauer an seinem Pfluge und kein Handwerker in seiner Werkstätte sicher b).

Ein solch unbürgerliches Leben hatte den schädlichsten Einfluß auf Künste, Wissenschaften und Sitten. Nach dem Geiste und den Vorschriften Karls des Großen sollte Mainz vorzüglich ein Sitz der Kultur werden, und er wählte seinem Zeitalter gemäß die ruhigen Geistlichen als Lehrer und Tongeber der Wissenschaften und guter Sitten. Auch folgten sie eine Zeitlang dieser klugen und wohlthätigen Weisung. Die Klöster unsers Erzstifts waren die Sitze der Gelehrsamkeit. Sie hatten ihre Büchersäle und Archive,

a) Ibid. Urk. CCCXXI — CCCXXXIII. ita sane, quod ex ista parte Reni, sicut sita est Maguntia, pro defensione terrarum nostrarum invicem prestabimus auxilia. Urk. CCCLXVIII.

b) Quo nimirum tempore universae provinciae adeo devastationis continuae importunitate inquietantur, ut ne ipsa, pro observatione divinae pacis, professa sacramenta custodiantur. *Abb. ursperg. apud* Datt, *de pace publica.*

c) Ich habe wohl nicht nöthig, hierüber Beweise anzuführen, s. besonders Datt, *de pace imp. publica.*

chive, lasen und schrieben die alten ab; dem Rhaban haben wir ein Compendium der Wissenschaften, dem Otfried die deutsche Sprachkenntniß, dem Lambert von Aschaffenburg die Geschichte der Zeit, und dem Dohmherrn Heinrich eine Weltcharte zu verdanken. Der Erzbischof Siegfried ließ den Rüdesheimer, das Kloster Bischofsberg den Johannesberger und das Kloster Erbach den Steinberger Weinstock pflanzen. Die Lorscher Mönche bauten die schöne Bergstraße an. Die alleinige Kultur des Landes schreibt sich in der Zeit von den Geistlichen her a). Indessen wichen alle diese Bestrebungen zuletzt dem Geiste der Zeit. Ein auf Aberglauben gegründetes Institut kann nicht lange wohlthätig im Staate wirken. Der Stoß mußte vom Volke herkommen, wenn er fürs Volk kräftig seyn sollte. Die Fürsten und Geistlichen sahen die Kultur ihrer Länder nur als Mittel ihrer Ambition und Eroberungssucht an. Dem fleissigen Bürger war es um Ruhe und Sicherheit zu thun. Mainz, Frankfurt, Worms, Speir, Straßburg, Bingen, Kölln und andere Handels- und Gewerbsstädte am Rheine und unserer Gegend mußten es schon lange gewünscht haben, von dem Drucke der Fehdleute und den Räubereyen der Ritter umher befreyt zu seyn. Einzel war jede Stadt besonders gegen mächtigere und geübtere Kriegshaufen nicht stark genug; und auch beständige Kriege und Siege hätten ihrer Noth nicht abgeholfen. Zwar hatten sie durch ihre Gewerbe Geld, und durch ihre Bevölkerung Leute genug; aber das Geld lockte die Räuber

a) Siehe P. Hermann Bär Beyträge und *Chron. Laurish.* Herr Schunk in seinen Beyträgen zur Mainzer Geschichte gedenkt der Weltcharte, welche ein gewisser Heinrich, Domherr zu Mainz schon zu Anfang des zwölften Jahrhunderts für den Kaiser Heinrich V. verfertigt hat.

zu neuen Bubenstücken an, und ihre Leute verstunden sich mehr auf ihre Handwerke als auf den Krieg. Nichts war also fähig dem friedlichen Bürger Sicherheit und überhaupt dem ganzen Reiche und Europa eine bessere Form zu geben, als eine Vereinigung der mächtigen Städte. Ein Bürger von Mainz brachte selbe zuwegen durch die Stiftung des Rheinischen Bundes, welcher im Jahre 1254 unter Kaiser Wilhelm von siebenzig Rheinischen Städten geschlossen wurde.

Den ersten Anlaß dazu gab die Fehde mit Diether I. Grafen von Katzenelnbogen, welcher das Schloß Rheinfels anlegte, und von da aus die auf dem Rheine fahrenden Kaufarteyschiffe zwang, einen neuen Zoll zu bezahlen. Einige Städte wollten die dem Handel so beschwerliche Veste zerstören, belagerten dieselbe, mußten aber ohne etwas ausgerichtet zu haben, ihr Lager aufheben *a*). In dieser bedrängten Lage kam Walpoden, ein wackerer Bürger von Mainz *b*), auf den glücklichen und ruhmvollen Gedanken, das durch ein größeres Bündniß mehrerer Städte zu bewirken, was einzelne Bürgerschaften, und selbst Kaiser und Gesetze dem Reiche nicht zu geben vermogten *c*). Von einem Muthe und Geiste beseelt, welchen nur lange erduldetes Unrecht und Gefühl einer guten Sache einflößen können, stellte er seinen Mitbürgern das große Elend vor, was sie und andere Städte durch solche Räubereyen, Fehden und Bedrückungen zu erdulden hätten. Er zeigte ihnen,

a) Struv. *corpus hist. germ.*

b) Quidam validus civis in Moguntia: sind die Worte des Albertus *stadensis apud* Struv. *ibid.*

c) Civitates Rheni quasi destitutae regia defensione, heißt es in *Chron. august.* ad ann. 1255 beym Struv. *corp. hist. germ.* neque enim publico consuli aliter poterat, sagt Adelzreuter ann. boj.

daß es kein ander Mittel gäbe, diesem Unwesen zu steuern, als durch ein allgemeines Bündniß aller Rheinischen Städte. Einzeln würden sie immer geschlagen und unmächtig seyn *a*); aber verbunden könnten sie durch ihre Reichthümer und Macht den Landfrieden auf allen Flüssen und Wegen im heil. Röm. Reiche, zustande bringen. Durch solche Vorstellungen, vermuthlich mit einer männlichen Beredsamkeit vorgetragen, brachte er endlich seine Mainzer Mitbürger dahin, daß sie sich durch einen Eyd verbanden, mit Gut und Blut die Sicherheit des Reichs und den Landfrieden zu erkämpfen *b*). Diesem der Ruhe Deutschlands und Europens so heilsamen Bunde der Mainzer tratten bald Kölln, Worms, Speier, Straßburg und Basel bey; andere Städte vermehrten ihn täglich, so daß er als ein mächtiges und fürchterliches Gemeinwesen angesehen wurde *c*). Sie wählten sich ihre Anführer und Bundesrichter, stellten Kriegsvolk auf die Beine, zerstörten die in der Gegend umher liegenden Raubschlösser, und hoben die neuangelegten Zölle auf *d*). Die Kaiser und klügsten Fürsten unterstützten diese Unternehmungen. Die Erzbischöffe und Kur-

a) Ita, dum singuli pugnant, vincuntur universi. Tacit. Agricola C. XII.

b) Coepit (Walpodus) hortari concives suos, ut pro pace restauranda juramento se invicem constringerent. Albert. *stad.* *apud* Struv. *corp. hist. germ.*

c) Consenserunt ei (Walpodo) et aliae civitates plurimae. Alb. *stad. ibid.*

d) Eligentes sibi capitaneos, destruentes castra nociva, et iniusta telonea removentes. *Chronic. august. ibid.* bey Gudenus Urk. CCLXXVIII. kömmt ein gewisser Adolf von Waldeck als Bundesrichter vor. Es heißt allda: Adolfus comes de Waldeke, Justiciarius reipublicae.

fürsten Gerhard von Mainz, Konrad von Köln, Arnold von Trier, und Ludwig Pfalzgraf bey Rhein nebst andern Fürsten und Grafen hielten es nicht unter ihrer Reichsfürstlichen Würde, einen Bürgerbund zu beschwören, welcher die so lange gehofte und fruchtlos verordnete Sicherheit des deutschen Reiches begründen sollte *a*). Die meisten erklärten sogar, daß ihre Zölle ungerecht, dem Verkehr und dem gemeinen Wesen hinderlich wären, und daß sie selbe entweder gänzlich aufheben oder doch vermindern wollten *b*).

Nach diesen so wichtigen Verstärkungen und Zutritten sagten die Verbundenen einen Tag (Zusammenkunft) nach Straßburg auf St. Michaelis an, um dem Ganzen eine festere Gestalt zu geben, und über die Mittel, den Landfrieden zu bewirken, zu berathschlagen.

Man kann sich leicht vorstellen, daß die Verabredung eines so fürchterlich werdenden Bündnisses denjenigen Grafen, Rittern oder Fehdleuten gehässig war, welche bisher nur vom Raube lebten, und den ruhigen Bürger auf Kosten des Reichs und der Verfassung bedrücken wollten. Sie suchten daher unter den Fürsten und dem Adel Eifersucht und Neid auszustreuen; sie gaben zu verstehen: Es sey für Fürsten und Edelleute schändlich, sich mit Bürgern und Handwerkern in Bündnisse einzulassen, und auf solche Weise Krämern und Spießbürgern die Herrschaft über

a) *Chron. august. apud* Struv. *corp. hist. germ.* fuerunt autem subscripti principes, qui sanctae pacis foedera jurarunt, Gebhardus Archiepiscopus moguntinensis, Conradus Coloniensis. Arnoldus Trevirensis, — Ludovicus Palatinus Rheni etc.

b) Struv. *ibid.* juraverunt, sua telonea iniusta esse, eandemque tam in terris quam in aquis relaxantes.

Edle und Ritter einzuräumen *a*). Diese Vorspiegelungen wollten weder bey den klugen und patriotischen Fürsten, noch bey andern dem Bunde beygetrettenen Grafen oder Edelleuten einen großen Eindruck machen. Die erstern wünschten schon lange dem Faustrechte und den Räubereyen ein Ende, und letztere fürchteten die Macht und Züchtigung des Bundes *b*). Was also die Räuber und Fehdleute nicht durch Einlispelungen bewirken konnten, versuchten sie durch Gewalt der Waffen und Kriegslist. Ein gewisser Graf Emicho mit andern Gehilfen seines saubern Handwerks überfielen bey Nacht die Geschäftsträger, welche die Bundsverwandte nach Straßburg abgeschickt hatten. Arnold Kammerrichter und Friedrich Stadtschultheiß von Mainz, ein gewisser Ritter Wolfram, Heinrich und Richard von Worms und andere Gesandte der Städte wurden von diesen Räubern Tag vor Michaelis zu Herde niedergeworfen, und gefänglich in das Schloß Landeck geführt *c*). Diese offenbare Verletzung des Bundfriedens verhinderte die Städte nicht, andere Zusammenkünfte zur Begründung desselben anzusagen. Zu Köln, zu Worms, zu Straßburg kam man von neuem zusammen; und endlich erhielt der Bund in Mainz, wo er seinen Anfang hatte, auch den 29. Junii 1255 seine völlige Kraft und Konstitutionsmäßigkeit.

a) Non placuit res principibus, nec militibus, sed neque praedonibus, et maxime his, qui habebant assidue manus pendulas ad rapinam, dicentes esse sordidum, mercatores habere super homines honoratos et nobiles dominatum. Albert, *Stad. apud* Struv.

b) Vicinos principes et comites suae societati adhaerere compellunt. *ibid.*

c) Struv. corp. hist. germ. T. I. per. VII.

Unter Leitung des Kaiserlichen Hofkanzlers Grafen von Waldeck tratten demselben bey von den Kurfürsten Gerhard von Mainz, Arnold von Trier, Konrad von Kölln, Ludwig von der Pfalz, Herzog in Bayern, — von den Fürsten und Grafen Jakob von Metz, Richard von Worms, Heinrich von Straßburg, Berchtold von Basel, der Abt von Fuld, der Rheingraf Konrad, Richer Graf von Katzenelenbogen, Friedrich von Leiningen, Bertold von Ziegenhayn, Emicho Raugraf und Gottfried sein Bruder, Poppo von Thüringen, Ulrich von Ferreto, der Graf von Wurnberg, Sophie Landgräfin von Thüringen, Udalhild von Leiningen, die Freyfrau von Trinberg, Ulrich von Münzenberg, Gerlach von Limburg, Philipp von Herchenfeld, Philipp von Falkenstein, Herr von Stralenberg, Schenk von Erbach, Werner Truchseß von Alzai, Heinrich von Erbach, Rumpold von Steinach ꝛc. — Von den Städten Mainz, Worms, Speir, Straßburg, Basel, Zürich, Freiburg, Breisach, Rheinfelden, Colmar, Schlettstadt, Hagenau, Weisenburg, Umstadt, Wimphen, Heidelberg, Lauternburg, Oppenheim, Frankfurt, Friedberg, Wetzlar, Gelnhausen, Marburg, Hirschfeld, Fuld, Mühlhausen, Aschaffenburg, Seligenstadt, Bingen, Bacharach, Wesel, Boppart, Andernach, Bonn, Neuß, Kölln, Achen ꝛc. nebst andern nordischen Städten, z. B. Münster, Bremen, Grumberg ꝛc. so, daß die Anzahl über hundert angegeben wird *a*).

Nachdem nun diese sowohl an Würde als Macht so ansehnlichen Verbündeten über die Hauptstücke ihres Bündnisses übereingekommen waren, schickten sie eine feyerliche

a) Struv. corp. hist. germ.

Gesandschaft an den Kaiser Wilhelm, um von ihm, als dem Oberhaupte des Reiches eine förmliche und rechtskräftige Bestättigung desselben zu erhalten *a*). Der Brief, welchen sie an den Kaiser abschickten, lautet also:

Die Bürgermeister und Schulzen von mehr als siebzig Städten des obern Deutschlands ihrem ruhmwürdigen Herrn dem Römischen Kaiser Wilhelm alle Ehrfurcht und ewige Treue zuvor.

Euer Hoheit erklären wir durch den Inhalt dieses Briefes, daß wir zu Mainz versammelte Bürger den 29. Junii durch Vermittelung des Edlen von Waldeck, Kaiserlichen Hofrichters, zu Begründung des Landfriedens und Abstellung aller Fehd und Zwietracht über feste und unverbrüchliche Punkte übereinkommen sind. Wir bitten daher Euer Königl. Majestät uns weisest hierinn mit Rath und That beyzustehen, und diesen von uns angefangenen Landfrieden, in soweit es die Reichsgesetze erlauben, mit Hochdero Handvest und Brief zu bestättigen und zu besiegeln. Wir hoffen dies um so mehr von Euer Majestät Gnade, da dieses Bündniß zu Dero Vortheil, Nutzen und Ruhm erspießlich ist, und da wir wissen, daß Euer Durchlaucht huldreiche Ankunft bey uns demselben die erwünschte Kraft geben wird.

gegeben zu Mainz am letzten Junii 1255 *b*).

Dem Kaiserlichen Hofe konnte wohl nichts erwünschter seyn, als so ein Bündniß, was wohl am meisten fähig war, den Landfrieden zu befördern, und besonders das durch das Fehdsistem herabgekommene Kaiserliche Ansehen wieder herzustellen. Wilhelm bestättigte dasselbe nicht

a) Ibid

b) Joan. a Leidis rer. belg. L. 23. C. 16. apud Struv. corp. hist. germ.

nur, sondern er kam auch dieses Jahr noch nach Mainz und dann nach Oppenheim, um ihm durch seine Gegenwart eine feyerliche Sanktion zu geben.

Die Hauptpunkte und Absichten dieses so merkwürdigen Rheinischen Bundes waren:

Vors erste durch wechselseitigen Beystand und Unterstützung so vieler und mächtiger Fürsten, Grafen und Städte den so lange gewünschten Landfrieden zu begründen.

Zweytens. Eine hinlängliche Anzahl Truppen auf die Beine zu bringen, welche alle Räuber und Friedensbrüchige im Zaume und Ehrfurcht zu halten fähig wäre.

Drittens versprachen die Städte noch insbesondere, bey strittiger Kayserwahl keiner Parthey beyzustehen oder ihr Schutz zu geben, sondern nur demjenigen Kaiser zu huldigen und gehörige Unterwürfigkeit zu erzeigen, welcher einhellig von den Kurfürsten gewählt worden sey *a*).

Die übrigen Absichten des Bündnisses erhellen aus dem folgenden Manifest des Kaisers.

Wilhelm von Gottes Gnaden, römischer König, allzeit Mehrer des Reichs entbieten allen unsern lieben getreuen, welchen dieser Brief zu Gesicht bekommen, unsre Gnad und alles Gut.

Wir sagen Gott unserm Herrn dem Geber alles Guten Dank dafür, daß er das Geschrey der Armen, welche bisher durch so viele Kriege, Zwiespalt und die abscheuliche Tyranney der übelgesinnten bedrückt waren, erhört, und endlich den so lange gewünschten aber bisher gänzlich verbanneten Landfrieden durch die Arbeit und Hilfe der Gemeinen und Einfältigen zur Ehre seines göttlichen Namens und zum Heile der ganzen Welt und Christenheit besonders

a) Leipniz mantissa cód jur. gent. — Datt. de pace imp. publ.

unter unsrer Regierung mildest, väterlich und gleichsam durch ein Wunder eingeführt hat. Wir beståttigen demnach im Namen unsers Herrn Jesu Christi diesen nun festgesetzten und rathsam beschlossenen Frieden aus ganzem Herzen und durch unsre königliche Authorität; und wollen und wünschen, daß sowohl Geistliche, Mönche, Nonnen, und was Standes und Ordens sie seyen, als weltliche sogar auch Juden der Vortheile dieses Friedens sich freuen, und zu ewigen Zeiten genießen mögen. Damit aber zwischen dem Adel und den Städten des Lands fernerhin kein Anlaß zu Strittigkeiten vorhanden seye, wodurch dieses heilige Friedensgeschäft aufgehalten oder gestört werden könnte, so haben wir mit einstimmigem Willen der Adlichen und Städte und mit reifer Ueberlegung unsers Raths festgesetzt und beschlossen, daß die Adlichen und Landsherrn ihre Gerichtsbarkeit nach Recht ausüben, und alle ihre Gerechtsame behalten sollen. Sie sollen ferner von jenen Leuten, welche ihrem Gerichtszwange unterworfen sind, alle die Dienste und Rechte empfangen und fodern können, welche sie oder ihre Vorfahren vor dreyßig, vierzig oder fünfzig Jahr rechtmäßiger Weise erworben haben; und sowohl Herrn als Unterthanen sollen zufrieden leben. Auch sollen alle Kirchen, Städte und Flecken und was zu Ihnen gehört, alle ihre Freyheiten, allgemeinen und besondern Gerechtsamen und Privilegien, welche sie von alten Zeiten besitzen, ruhig und friedlich genießen. Wenn aber vorerwähnte Adlichen und Landsherrn über Unbilden von den ihnen zuständigen Städten zu klagen haben, sollen sie keinen Bürger derselben deßwegen gefangen oder als Geisel nehmen, oder auch eigenmächtig gegen sie rechten, sondern sie sollen die Sache vor uns oder den Grafen von Waldeck unsern Hofrichter, oder den Schultheiß zu Boppard, oder zu Frankfurt, Oppenheim, Hagenau, Weissenburg oder Kolmar bringen, und da ihre Sache durch ein rechtlich Gericht und durch ein billig Urtheil verfolgen. Die Städte und Flecken aber sollen ihre wechselseitige Unbilden, welche ihnen angethan worden, nach vorgesagtem Eyd vor uns oder andern austragen lassen, und zwar so, daß jeder Adliche und jede Stadt oder Flecken ihre Klage demjenigen von obgenannten Richtern vorbringe, welcher ihr am nächsten ist. Wenn aber die Stadt oder Flecken aus Nachlässigkeit eines solchen Richters kein Recht und keinen Spruch erhalten, alsdenn mögen sowohl Adliche als Städte wegen Haltung des geschwornen Friedens sich zusammen thun, und den Ruhestöhrer feindlich angehen, und soll dies nicht als ein Friedensbruch angesehen seyn. Wenn also einige Städte, Flecken, Adliche, oder wer es auch seyn möge, den Frieden in einem der obenangeführten Punkten verletzt, so soll bey Verlust unsrer Gnade, gegen diese Ruhestörer von allen, welche den Bund beschworen haben, mit vereinten Kräften feindselig verfahren werden, auf daß der Friede von nun an auf immer aufrecht und unverletzt erhalten werde. Damit nun diese unsere heilsame und von allen beschwornen Satzungen fest und dauerhaft bleiben mögen, und von allen unverwerflich gehalten werden, so haben wir diesen Brief mit unsrer königlichen Majestät Insiegel unterzeichnet und bekräftigt. So geschehen zu Oppenheim im Jahr MCCLV in vigilia St. Martini indict. XIV.

Dieser Bund gab dem ganzen deutschen Staatskörper eine andere Richtung. Die fleissigen Städte schaften bald Geld und eine Macht auf die Beine, welche selbst großen Fürsten fürchterlich war. Sie kündigten allen Räubern und Friedensbrüchigen den Krieg an, zerstörten ihre Raubnester, und brachten beynahe auf allen Reichstägen den allgemeinen Landfrieden zur Sprache *a*).

Die durch das Lehensystem ohnmächtig gewordenen Kaiser sahen dieses Bündniß und die daher sich wieder erhebende Gewalt der Gemeinen (wie alle Könige der Zeit) als das schicklichste und kräftigste Mittel an, um der Uebermacht der großen Vasallen das Gleichgewicht zu halten *b*). Wilhelm, Richard, Rudolf, Ludwig und Wenzel unterstützten die Unternehmungen der Städte nicht nur, sondern sie suchten sie vielmehr recht in Gang zu bringen. Unter der Regierung Wenzels 1381 kam (nicht ohne heimliches Zuthun dieses deutschen Reichsoberhaupts) ein neuer Bund der Rheinischen und schwäbischen

a) Siehe die Reichsabschiede der Zeit und Datt. de pace publ.

b) Struv. loc. citato sagt nach den geheimen Briefen des Hermann Ebner. Wenceslaus fovebat sub initium hasce societates, ut potentiam suam magis firmaret. Sunt, qui scribunt, Wenceslaum Regem occultum hujus Ligae civium fuisse auctorem, utpote qui potestatem theutonicorum Principum semper habuerit suspectam, quam tali modo speraverit infirmandam Trith. *chron. hirs. ad an.* 1380. — Die verbundenen Städte, und ihre Pfalbürger, sagt Möser, geben zwar der Nation Hoffnung zu einem neuen gemeinen Eigenthume. Allein die Hände der Kaiser sind zu schwach und schlüpfrig, und anstatt diese Bundesgenossen mit einer magna charta zu begnadigen, und sich aus allen Bürgern und Städten ein Unterhaus zu erschaffen, welches auf sichere Weise den Untergang der ehemaligen Landeigenthümer wieder ersetzt haben würde, müssen sie gegen solche Verbindungen und alle Pfalbürgerschaft ein Reichsgesetz übers andere machen. Rudolf von Habsburg sieht diesen großen Staatsfehler wohl ein, und ist mehr als einmal darauf bedacht, ihn zu verbessern. Allein Karl IV. arbeitet nach einem dem vorigen ganz entgegengesetzten Plane ꝛc.
Osnabrückische Geschichte. Vorrede.

Städte zu Stand, welcher alle vorige Vereinigungen an Macht und Gewicht zu übertreffen schien. Er war im Stande die mächtigen Herzoge in Bayern und Schwaben zu bekriegen. Mit Heeren von acht bis zwölftausend Mann drohte er im Felde. Reichthümer und Gelder schoß er herbey, wie es kein Fürst thun konnte. Viele noch mittelbaren Städte und die sogenannten Pfalbürger fiengen an, sich der Hoheit ihrer Fürsten zu entziehen, und ein unter dem Kaiser und Reich unmittelbar stehendes Unterhaus auszumachen. Mainz war, wie im ersten Falle, so auch hier die Vorgängerin *a*).

Bisher hatten diese Bündnisse keinen andern Zweck, und sollten auch keinen andern haben, als durch Vereinigung mehrerer einzelner Kräfte die Ruhe und Sicherheit im Reiche zu gründen. Allein der zuvor nur Gerechtigkeit suchende Bürger wurde allmählig durch die vereinte Macht so vieler Städte stolz und durch das Glück übermüthig. Der Geist des Fehdadels, welchen er bändigen sollte, schien nun selbst in die Städte gefahren zu seyn, und den Geist des Friedens und ruhigen Gewerbes vertrieben zu haben. Sie lagen nun beständig im Felde, und ihre Kriegshaufen raubten und verwüsteten ihre Nachbarn und Mitbürger eben so abscheulich, als es zuvor die Ritter und Raubgrafen thaten *a*).

Diese täglich anwachsende Bundesrepublick, mächtig durch Reichthum, Mannschaft und das Recht, fürchterlich in Fehde und Bund, erregte sogleich die Eifersucht des Adels; und endlich schien sie selbst den Kaisern und Fürsten

a) Siehe den Vertrag bey Datt. de pace publ.

b) Trith. *chron. hirs. ad ann.* 1380. Naturam luporum coepisse induere canes, et qui latrones debuerant persequi, didicisse imitari.

gefährlich, welche sie doch bisher unterstützt hatten. Der schon lange gegen sie aufgebrachte Adel errichtete auch Bündnisse unter sich. Eines schlossen die Rheinische und Schwäbische Ritterschaft unter St. Georgen und Wilhelmen Schild. Ein anderes entstund in der Wetterau unter dem Namen der Löwengesellschaft. Auf diese folgte das Bündniß der Gehörnten. Das gemeinschaftliche Interesse des Adels vereinigte sie endlich alle im Jahre 1382 zu einer Gesellschaft, wodurch sie jene der Städte in Ehrfurcht halten wollten. Der Kaiser Wenzel und die Fürsten, besorgt für ihre eigne Macht und Würde, verließen allmählig den Bund, und brachten im Jahre 1383 auf einem Reichstage zu Nürnberg einen allgemeinen Landfrieden zu Stand, dem alle Adliche und Bürgerliche, ohne besondere Verbindungen fernerhin unter sich zu schließen, beytretten sollten *a*).

Diesem Reichsschluße zufolge wurde das Reich in vier Classen oder Parteyen abgetheilt. Unter die erste Classe stellte man das Königreich Böhmen nebst den seiner Krone angehörigen Herrschaften, die Mark Brandenburg, die Herzogthümer zu Sachsen und Lüneburg ꝛc. — unter die zwote wurden die Erzbißthümer von Mainz, Trier und Köln, die Pfalzgrafen, die Landgrafen von Hessen und Markgrafen zu Baden ꝛc. gezählt. In der dritten stunden

a) Datt. *de pace publ.* displicuit haec ipsa civium colligatio principibus multis, qui multitudinem indomitae plebis de facili causa in furorem posse converti scientes, sibi non immerito metuebant; unde summis conatibus laborabant, ut dissolveretur quantocius, ne, si vires tempore susciperet, insuperabilis redderetur: maxime tamen illis odiosa fuit, qui rapinis vivebant, quorum generi mores adversabantur; quippe cum dicerentur nobiles, sed essent lotranes. Trith. *ad ann.* 1366.

die Herzoge von Oestreich, die Herzoge zu Bayern und Lothringen, die Bischöffe von Straßburg, Augsburg und Regensburg, und die Herzoge von Würtenberg ꝛc. Die vierte machten die Bischöffe von Bamberg, Würzburg, Eichstädt, die Markgrafen zu Meissen und Thüringen, die Herzoge Ruprecht der jüngste und Burggraf Friedrich zu Nürenberg und was zu jeden gehört und angränzt, aus *a*).

Diese Reichsabtheilung war nicht fähig die einzelnen Bündnisse zu verhindern. Die Städte thaten sich im Jahre 1385 wieder von neuem zusammen, und verstärkten ihren Bund noch mit den Städten der Schweiz *b*), ja einige derselben errichteten mit den Fürsten und Adlichen einen heimlichen Frieden unter sich, welchen man den Faym oder Vehmgericht nannte; eine gefährliche Verbindung, weil man, da sie heimlich war, weder Kläger noch Richter kannte *c*). Eine andere Gesellschaft unter dem Namen der Schlegeler war dem Reiche eben so lästig. Die Fehden und das Faustrecht fieng wieder an um so verwüstender auszubrechen, als die Bündnisse und der wechselseitige Haß derselben stärker waren. Die schwäbischen Städte befehdeten die Herzoge von Wirtenberg, und Mainz, Speir und Worms die Kurfürsten und Pfalzgrafen bey Rhein. Sie wurden bey Worms geschlagen, und kurz darauf, wie der gelehrte Abt Trithemius so richtig sagt, ihre Bündnisse, welche anfänglich so heilsame Zwecke und glücklichen Fortgang hatten, durch ihre eigne Friedensbrüche und Räubereyen gesprengt *d*).

a) Struv. l. c.

b) Ibid.

c) Apud Wenker. ibid.

d) Felix quidem et satis fortunatum confoederationis suae habuerunt exordium, et omnibus in circuitu raptoribus magnum incussere

Indessen giengen die Absichten derselben nicht gänzlich verloren, ja sie waren, wie Pütter sagt, in der Folge noch auf eine geraume Zeit (bis 1533) eine wichtige Stütze sowohl der inneren Ruhe des Reichs als des Kaiserlichen Ansehens. Was ein Mainzer Bürger angefangen hatte, führten zwey Mainzer Kurfürsten endlich hinaus. Heinrich von Virnaburg schloß im Jahre 1338 zu Rense mit den übrigen Rheinischen Kurfürsten den ersten Kurverein zur Sicherheit des Reichs und Vereinigung der Rheinischen Lande, worauf bald unter seinem Nachfolger die goldene Bulle erschien *a*); und Berthold von Henneberg brachte einen neuen schwäbischen Bund, und endlich unter Maximilian im Jahre 1495 den Landfrieden und die Einrichtung eines ordentlichen Reichsgerichts wirklich zu Stande *b*). So waren die ersten Reichsgrundgesetze

timorem: verum postquam et eorum milites conducititii legem aequitatis violare coepissent, occultasque primum, et exinde manifestas etiam de pauperibus exercere rapinas, et ipsi principum cives atque subjectos in rebellionem solicitare dominorum, confoederatio eorum diutius permanere non potuit, sed potentia principum citius dissipata fuit. Trithem. *chron. hist. ad an.* 1380.

a) Schon aus der Urkunde CCXXXV apud Guden. cod. dipl. T. III. sieht man das patriotische Bestreben dieses Kurfürsten, indem er hauptsächlich auf eine Verbesserung im Justizwesen bey dem Kaiser antrug.

b) Egregium ejus rei specimen et immortale monumentum est camera judiciaria Spirensis, hujus consilio et suasu instituta. Alterum huius viri prudentiae, fidei et sapientiae documentum fuit erectio suevici foederis, in historia illorum temporum celeberrimi, hujus etiam suasu initi, quod multis isto aevo saluti et terrori fuit. Mallinckrot. *de archicancellariis* p. 122. Die Beförderung des Kammergerichts beförderte auch eine Verbesserung des Justizwesens im Mainzer Lande. Pütter Hist. Entw.

die Folge der patriotischen Bestrebungen Mainzer Fürsten und Bürger.

Aber nicht nur allein für das H. Römische Reich, sondern auch für ganz Europa, ja die ganze Menschheit hatte der große und muthvolle Gedanken Walpodens künftig noch die heilsamste Wirkung. Ich will, um allen Schein der Partenlichkeit, dessen ich mich wenigstens hier nicht zu schämen hätte, zu vermeiden, die Schriften und Meynungen solcher Männer hierüber anführen und benutzen, welche nicht zu Mainz gebohren, aber durch das einstimmige Zeugniß der ganzen gelehrten und politischen Welt als die ersten Geschichtschreiber und besten Köpfe in dieser Sache gelten a). Diese vortreflichen Schriftsteller geben die Einrichtung der Gemeinheiten und Städte und ihre Bündnisse als Anstalten an, welche mehr, als alle vorherige in der Weltgeschichte bekannte, zur Einführung und Verbreitung einer regelmäßigen Verfassung, der Polizey, der Gesetze, der Aufklärung, der Künste und Wissenschaften, und überhaupt der Veredlung des menschlichen Geschlechts beygetragen haben b). Ja man kann diese Gemeinheiten als die Grundsteine zur allgemeinen Europäischen Republik ansehen c).

„Die Städte, sagt Herder, sind in Europa gleich„sam stehende Heerlager der Kultur, Werkstätten des „Fleißes

a) Machiavell discorsi — Montesquieu esprit des loix. Robertson Geschichte Karls V. 1r Th. 1r Absch. Voltaire essai sur l'histoire. — Hume Geschichte von Großbritanien. — Smith über Nationalreichthümer. — Möser Osnabrückische Geschichte in der Vorrede. Schmidt Geschichte der Deutschen.

b) Robertson l. c. 1r Th. 1r Abschn. §. II.

c) Ueber die Europäische Republick, 1r Th.

„ Fleißes und der Anfang einer bessern Staatshaushal„ tung geworden, ohne welche dies Land noch jetzt eine „ Wüste wäre. In allen Ländern des Römischen Gebiets „ erhielt sich in und mit ihnen ein Theil der Römischen „ Künste, hier mehr, dort minder; in Gegenden, die „ Rom nicht besessen hatte, wurden sie Vermauern gegen „ den Andrang neuer Barbaren, Freystätten der Menschen, „ des Handels, der Künste und Gewerke. Ewiger Dank „ den Regenten, die sie errichteten, begabten und schirm„ ten; denn mit ihnen gründeten sich Verfassungen, die „ dem ersten Hauch eines Gemeingeistes Raum gaben; es „ schuffen sich aristokratisch-demokratische Körper, deren „ Glieder gegen und übereinander wachten, sich oft be„ feindeten und bekämpften, eben dadurch aber gemein„ schaftliche Sicherheit, wetteifernden Fleiß und ein fort„ gehendes Streben nicht anders als befördern konnten. „ Innerhalb der Mauer einer Stadt war auf einen kleinen „ Raum alles zusammengedrängt, was nach damaliger „ Zeit Erfindung, Arbeitsamkeit, Bürgerfreyheit, Haus„ haltung, Polizey und Ordnung wecken und gestalten „ konnte: die Gesetze mancher Städte sind Muster bürger„ licher Weisheit. Edle sowohl als Gemeine genossen „ durch sie des ersten Namens gemeinschaftlicher Freyheit, „ des Bürgerrechtes. In Italien entstanden Repu„ bliken, die durch ihren Handel weiter langten, als „ Athen und Sparta je gelangt hatten; diesseits der Alpen „ giengen nicht nur einzelne Städte durch Fleiß und Han„ del hervor, sondern es knüpften sich auch Bündnisse „ derselben, ja zuletzt ein Handelsstaat zusammen, der „ über das schwarze, mittelländische, atlantische Meer, „ über die Nord- und Ostsee reichte. In Deutschland und „ den Niederlanden, in den nordischen Reichen, Polen,

„ Preußen, Ruß- und Liefland lagen diese Städte, deren „ Fürstin Lübek war, und die größesten Handelsörter in „ England, Frankreich, Portugall, Spanien und Italien „ gesellten sich zu ihnen; vielleicht der wirksamste „ Bund, der je in der Welt gewesen. Er hat „ Europa mehr zu einem Gemeinwesen gemacht, als alle „ Kreuzfahrten und Römische Gebräuche: denn über Re- „ ligions- und Nationalunterschiede gieng er hinaus, und „ gründete die Verbindung der Staaten auf gegenseitigen „ Nutz, auf wetteifernden Fleiß, auf Redlichkeit und „ Ordnung. Städte haben vollführt, was Regenten, „ Priester und Edle nicht vollführen konnten und mochten: „ sie schuffen ein gemeinschaftlich wirkendes Europa *a*).

I. Sobald die Städte von klugen Königen und Fürsten ihre bürgerlichen Freyheiten und Privilegien erhalten hatten, errichteten sie unter sich ein Stadtregiment, was wenigstens alles, was sonst in der Lehensverfassung begriffen war, an Regelmäßigkeit und gesetzlicher Ordnung übertraf. Die Gesetze derselben waren auf gleiche Rechte und Stimmen der Bürger gegründet, die Vollstreckung derselbén lag in den Händen des gewählten Raths und der Bürgermeister, welche von den Gemeinen oder Zünften streng beobachtet und öfters mit Eifersucht gerügt wurden. Einige Städte, z. B. Hamburg, können noch als Muster bürgerlicher Weisheit aufgestellt werden. Andere nahten sich wenigstens der Vollkommenheit; und ich kann wohl hier füglich die Verfassung der Stadt Mainz, wie sie damal war, anführen. Joannis hat uns in dem dritten Theile seiner Mainzer Denkwürdigkeiten aus zwey alten Handschriften folgendes Bild von derselben hinterlassen.

a) Ideen zur Philosophie der Geschichte, 4r Th.

Die Mainzer Bürgerschaft bestande, wie die andern Reichsstädte, aus Patriciern und Plebejern. Die Plebejer waren in neun und zwanzig Zünfte abgetheilt. Die Patricier machten einen eignen Körper von mehreren Geschlechtern aus, welche im Jahre 1332 auf hundert und neun und zwanzig eingeschränkt wurden. Die neun und zwanzig Zünfte der gemeinen Bürger waren vermuthlich aus den verschiedenen damals schon hier ansehnlichen Handwerken zusammengesetzt *a*).

Von den Patriciergeschlechtern hat auch Joannis folgende aufbewahrt. — Zum Jungen — Berwolfe — zum Blaßofen — Walpoden — zum Silberberg — zum Humbracht — Gelthuß zur jungen Alen — Fürstenberg — zum goldenen Schaaf — zum Maulbaum — Schenkenberg — zum Liechtenstein — zur Eiche — zum Rebstock — Liechtenberg — Rosenberg — Lehnheim — Nußbaum — zum Landek — Malsberg — Herold — Boderam zum Salmen — zum Baumgarten — Gensfleisch von Sorgenloch — Wertheim — Apotheker — Gastenhöfer genannt — Völker oder Frankenstein oder Roß — zum Frosch —

a) Herr Schunk in seinen Beyträgen zur Mainzer Geschichte führt aus einer alten Handschrift folgende Zünfte an, welche im Jahre 1475 dem Dohmkapitel geschworen haben. Es waren aber nicht alle.

Häker 28. Barbierer 36. Faßbinder 8. Schuster 33. Weinschröter und Kärcher 47. Gärtner 37. Schmiede 38. Metzger 2. Maurer und Wagner 13. Fischer 28. Schiffer 31. Steuerleute 6. Goldschmiede 29. Bäcker 28. Kürschner und Flicker 16. Loer- und Weißgerber 26. Weber 36. Krämer 25. Schneider 40. Säkler und Mitter 36. Beysassen 13. Verschiedene Handwerker wohnten auch in einer Gasse beysammen; daher noch die Namen: Schustergasse — Loergasse — Schlossergasse — Seilergasse — Scharngasse — Fischergasse ꝛc.

Waldertheim — zum Eleman — Scherpelin — zum Weidenhof — Windek — Reysen — Hirzen — Volgmer — dazu glaubt er auch noch andere z. B. Bechtelmünzer — Selhoven — Nessen — Schlüssel von Arde — Rorbach — zum Lamb ꝛc. zählen zu können. — — Verschiedene Häuser in Mainz tragen jetzt noch ihre Namen z. B. Silberberg — das goldene Schaaf — Rebstock — Landeck zum Korb — Weidenhof und andere *a*).

Die Patricier wurden überhaupt die Alten genennt, vermuthlich weil sie die ältesten Geschlechter der Stadt waren. Viele z. B. die zum Jungen — zum Humbracht — die Landeker — Gensfleisch — Malsberg — Gelthuß ꝛc. waren wirkliche Ritter und Reichsadliche. Sie scheinen von jenen geedelten Wehren gewesen zu seyn, welche Heinrich I. in die Städte zog. Dieses gesammte Patricierkorps, die alten genannt, hatte schon vorzügliche Vorrechte. Sie machten einen besondern Staatskörper aus, und hatten einen überwichtigen Einfluß auf das Stadtregiment. Sie wählten aus ihrem Mittel und durch ihre eignen Stimmen den Stadtschultheißen, vier Stadtrichter *b*), zwey adliche Bürgermeister, und zwey und zwanzig Rathsherrn. Zur vorzüglichen Unterscheidung erschienen sie bey allen Wachen, Fehden und sonst öffentlichen Ceremonien und Verrichtungen zu Pferde, und hatten überhaupt zur Hälfte Antheil an der bürgerlichen Regierung.

Nebst diesen schon so großen Vorzügen, welche die Alten überhaupt sich errungen hatten, wurden die sogenannten Münzgenossen und Haußgenossen im

a) Gudenus hat alle Mainzer Höfe mit ihren alten Namen zusammengeneimt. Cod. dipl. T. II.

b) Woraus, wie ich schon oben anführte, das Stadtgericht sich gebildet hat.

Thiergarten noch mit grössern begünstigt. Keiner von ihnen konnte wegen irgend einer Sache vor einem gemeinen Stadt- oder geistlichen Gerichte angeklagt werden, bevor er vor den Münzmeister als an sein forum privilegiatum, gefodert und dort die Gerechtigkeit verweigert war. Den Münzgenossen allein war es erlaubt, Gold- oder Silberschmieden zu errichten, und Veränderungen im Gelde zu machen. Hatte ein anderer Bürger etwas von Gold oder Silber verkauft, oder wegen Geldwechsel sich was zu Schulden kommen lassen, so mußte er dem Münzmeister sechzig, einem jeden Münzgenossen aber fünf Schillinge zur Strafe erlegen. Ohne Vorwissen und Bewilligung der Münzgenossen durfte auch Niemand zu Mainz Gold oder Silber kaufen, um es nach fremden Münzen zu bringen. Die Münzgenossen hatten das Recht, falsche Münze zu untersuchen, und den Fälscher zu bestrafen. Das falsche Geld gehörte dem Münzmeister. Dieser war hingegen, wie es hieß, verbunden, darum einen Kessel zu kaufen, daß man richte über den Fälscher nach des Landes Recht und Gewohnheit. Der Münzmeister pflegte in Begleitung eines Richters und zweener rechtschaffener Bürger der Goldschmiede Schrot und Korn, das Gewicht und die Ehlen zu prüfen. Die Betrüger wurden um sechzig Schillinge gestraft. Endlich wurde es als ein ehrenvolles Vorrecht von ihnen angesehen, dem Kurfürsten bey der Kaiserkrönung und Wahl oder bey gemeinem Feldzuge seines Leibs und seiner Kammer zu warten.

Man kann sich leicht vorstellen, daß solche scheinbare oder wirkliche Vorzüge der Alten die Eifersucht der gemeinen Bürger gereitzt habe. Die Auftritte der Strittigkeiten zwischen Patriciern und Plebejern im alten Rom sind darum nur so merkwürdig und umständlich von der Geschichte aufbewahrt, weil Rom die Beherrscherinn der alten Welt wurde. Indessen finden wir auch in der sonst unbedeutenden Mainzer Kronik ähnliche Züge. Im Jahre 1332 brach der Streit zwischen beyden Theilen (den Alten und Gemeinen) zu öffentlichen Thätlichkeiten aus. Die Hauptpunkte, worüber sich die Gemeinen gegen die Alten beklagten, waren folgende: 1) die Weiber der Alten hätten sich noch nicht einmal mit einem gemeinen Bürger verheurathet, wodurch denn ihre Geschlechter immer anwüchsen, da hingegen jene der Gemeinen oder Zünftigen täglich abnähmen. 2) Die Gemeinen wählten, wie die Alten, nur zwey und zwanzig zum Rath, da es doch neun und zwanzig Zünfte in Mainz gäben. Ein jeder Bürger also, seye er ein Alter oder Gemeiner, müßte sich zu einer Zunft einschreiben lassen, und von diesen Zünften sollte alsdenn eine jede aus ihrem Mittel und durch ihre Stimmen einen Herrn zum Rath wählen.

Diese von den Gemeinen kräftig verlangten Punkte wurden von den Alten mit Stolz und Verachtung verworfen. Sie hielten selbe ehrlos, ungerecht, und ihren Vorrechten nachtheilig. Die Sache kam sonach zum wirklichen bürgerlichen Kriege. Die Gemeinen stürmten die Häuser der Alten, nahmen denselben alle Arten von Waffen und Gewehr, und trotzten, wie weiland die Römischen Plebejer, durch ihre Gewalt und Anzahl. Die Fehde wurde auch ausser der Stadt gegen die Alten geführt. Alle die, welche sich in der Noth flüchteten, und auf ihre Landgüter umher, oder ins Rheingau gezogen waren, wurden auch da von den aufgebrachten Bürgern aufgesucht, entwaffnet, und als Gefangene niedergeworfen.

Die Gemeinen hatten, als der größere Haufe, auch die größere Gewalt auf ihrer Seite, die Alten fanden auswärts keine Unterstützung. Man rief endlich, um dem Unwesen ein Ende zu machen, die Genossen des großen Rheinischen Bundes Worms, Speir und Frankfurt als Vermittlerinnen an.

Der Friede wurde durch deren Zurathen auf folgende Bedingungen festgesetzt: 1) die Patriciergeschlechter sollten nur auf hundert und neun und zwanzig eingezogen werden; und diese nur statt der Alten gelten. 2) Wer ausser diesen des Bürgerrechts theilhaftig werden wollte, sollte sich in irgend eine Zunft einschreiben lassen. 3) Aus jeder Zunft sollte einer zum Rath gewählt werden. 4) Im übrigen sollten die Alten, wie es bishero üblich gewesen, ihre Anzahl Rathsherrn aus ihrem Mittel zum Senate wählen können, und zur Hälfte an den öffentlichen Aemtern Theil haben. Die übrigen Punkte betrafen die wechselseitige Entschädigung, Herausgabe der Waffen, Leute und Gefangenen rc.

Dieser Friede war von keiner langen Dauer. Das Feuer schien zwar vor der Hand gedämpft, aber der Zunder glimmte noch mächtig unter der Asche. Verschiedene der alten Geschlechter, welche während den Stürmen aus der Stadt gewandert waren, wollten noch nicht wieder zurückkehren. Sie hetzten von aussen oder verachteten die Gebliebenen ihres Standes; und diejenigen unter den Gemeinen, welche entweder nach der Patricierwürde zuvor gestrebt hatten, oder durch die neue Ordnung der Dinge sich zünftig machen lassen mußten, neckten und beschimpften die Alten, und wollten eine größere Gleichheit eingeführt wissen. Die Gemüther waren demnach gegeneinander noch aufgebrachter als zuvor, und es fehlte nur ein Hauch, um alles wieder in Flammen zu blasen. Ein kleiner Rangstreit verursachte von neuem den Burgerkrieg.

Im Jahre 1420 zogen der Kaiser Rupert und der Kurfürst Konrad III. in Mainz ein. Ein jeder der regierenden Bürgermeister, sowohl von Seiten der Alten als Gemeinen wollte der erste seyn, um diesen hohen Gästen den Hof zu machen. Die Alten hielten es unter ihrer Würde, in Gesellschaft der Gemeinen vor den Fürsten zu erscheinen, und die Gemeinen setzten sich auch zu Pferd, um den Alten den Weg abzurennen. Allein die Patricier, welche vermuthlich bessere Reiter und Pferde hatten, verhinderten den gemeinen Bürgermeister an seiner Anrede, welche er dem Kurfürsten halten wollte. Diese Beschimpfung brachte die Gemeinen aufs äusserste. Sie fielen, wie ehemal, über die Alten her, stürmten ihre Häuser, und schrieben ihnen noch härtere Gesetze vor, als sie vorhin thaten.

Die Alten, welche schon den vorigen Vertrag als schimpflich ansahen, wollten lieber die Stadt als ihre Vorrechte verlassen. Einige davon zogen nach Frankfurt, andere nach Oppenheim, andere ins Rheingau oder die umherliegenden Gegenden, wo sie ihre Landgüter hatten. Beynahe alle von den ersten und altadelichen Familien, die Fürstenberg, Gensfleisch, Gelthaus, Malsberg, Humbracht und zum Jungen waren ausgewandert.

Endlich im Jahre 1430 wurde abermal durch Vermittelung der Städte Worms, Speir und Frankfurt, besonders aber des Kurfürsten Konrad III. ein Vergleich zwischen den gebliebenen alten Geschlechtern und Gemeinen unter folgenden Bedingungen zu Stand gebracht.

1. Wurde abgeredet und festgesetzt, daß hinführo der Senat aus sechs und dreysig Rathsherrn bestehen sollte, wozu die Alten aus ihrem Mittel zwölfe, die Gemeinen

aber vierzehn wählen würden. Ein gewählter Rathsherr mußte wenigstens zwanzig Jahre alt seyn.

2. Wenn während dem Jahre ein Rathsglied von irgend einer Seite abgieng, so sollte es sogleich durch einen aus der Seite gewählten Bürger ersetzt werden. Wäre es aber, daß die Seite der Alten vor der Hand keine rathbare Männer hätte, so mögte der Rath für diesmal den fehlenden aus den Gemeinen wählen, damit die Zahl immer vollständig bliebe.

3. Auch sollten hinführo nicht mehr, als drey Bürgermeister seyn, und zwar so, daß davon zwey Bürgermeister und Rechenmeister aus den Gemeinen und einer solcher Stadtbeamten aus den Alten von dem ganzen Rathe gewählt würden. Ferner sollten zu der Kammer, worinn der Stadt großes und kleines Siegel und ihre Freyheiten und Gerechtsame aufbewahrt wurden, drey Schlüssel verfertigt werden, wovon einen der Bürgermeister von den Alten, den andern der Bürgermeister und die Rathsherrn von den Gemeinen, und den dritten die zünftige Gemeinde überhaupt haben sollte. Eben so sollten auch die Rechenmeister, jeder von seiner Partey, einen Schlüssel zu dem Archive, Register und Gelde der Stadt haben.

4. Ferner sollten hinführo nur zwey Baumeister oder Werkmeister, von einer jeden Seite einer, gewählt werden. Uebrigens sollten alle andere Geschäfte und Aemter von dem Rath gemeinschaftlich und ohne Unterschied verwaltet werden.

5. Um alle künftige Rangstreitigkeiten zu verhüten, wurde beredet, daß im Rathhaus und Saal auf der Bank der Alten zuerst einer von den Alten, dann ein Gemeiner und so fort, und auf der Bank der Gemeinen zuerst ein

Gemeiner, sodann ein Alter, und so weiter, wie sie im Alter aufeinander folgten, sitzen sollten.

6. Wenn es sich gebühren würde, daß des Raths Verwandte in oder ausser der Stadt verschickt würden, so sollte der, welcher von dem Rathe dazu bestellt würde, das Wort führen.

7. Die Bürgermeister aus den Gemeinen, und nur die zünftigen Bürger sollten die Thore und Thürme inne haben, und die Stadt bewahren.

8. Die Rathsherrn sollten ohne Unterschied ihren Rang nach dem Alter und Insäßigkeit haben. Im übrigen wurden den von den Alten die vor der Hand erworbenen Münzrechte, Gaden, Gnaden und Freyheiten zugestanden. Auch wurde ihnen gestattet, sich, wenn sie nicht wollten, in keine Zunft einschreiben zu lassen. Die während diesen Unruhen flüchtigen Patricier, den Georg Gensfleisch ausgenommen, wurden in dieser Rachtung mitbegriffen, doch so, daß keiner in der Stadt die Hetzereyen und Anmuthungen der Ausgewanderten unterstützen oder verhehlen sollte.

9. Alle durch diese Unruhen erlittenen Schaden und Unbilden sollten von beyden Seiten vergessen, und nach Maaßgab der Größe vergütet werden.

10. Endlich setzte man fest, daß keine große öffentliche Schuld oder Ausfahrt oder Bündniß ohne Wissen und Zuthun der ganzen Gemeinde sollte eingegangen oder gemacht werden. — Solche Dinge und Geschäfte sollten allzeit mit

beyderseitigem Verständniß von dem Rath und der Gemeinde abgethan werden.

Dieses waren die Hauptpunkte, wodurch der Frieden hergestellt, und die Verfassung von neuem begründet wurde. Sie sind unterschrieben vom Kurfürsten Konrad III., vom Dohmkapitel, den Abgeordneten der drey Städte Worms, Speir und Frankfurt. — Und von Seiten der Stadt Mainz von Klaß Dulen, Wilkin Salman, Idel Berwolf und Heinze Rebstock — als den damaligen Bürgermeistern *a*).

a) Diese Auftritte verursachten eine beständige Eifersucht und Unruhe in der Stadt. Ein so auffallender Schriftsteller, wie Machiavell, würde sie entschuldigen. Ich will die Worte und Meynung dieses Politikers hierüber anführen.

„Mir scheint, daß diejenigen, die die Unruhen zwischen „dem Volk und den Edlen tadlen, eben das tadlen, was „zur Erhaltung der Freyheit Gelegenheit gab, daß sie mehr „auf das Geräusch und den Lärm, die solche Aufstände ver„ursachten, als auf die daher geflossnen guten Wirkungen „sehen, auch nicht bedenken, wie es in jeder Republik „zweyerley Gesinnungen giebt, die Gesinnung des Volks „und die Gesinnung der Großen, und wie alle auf das „Beste der Freyheit abzweckende Gesetze aus dieser Verschie„denheit entspringen. Alles dieses kann man leicht aus dem, „was erfolgte, wahrnehmen."

„Von (Albert 1135 bis zu Adolf II. 1462) welches „über dreyhundert Jahre sind, veranlaßten die Bewegungen „selten Räubereyen und noch viel seltner Blutvergießen. „Diese Aufstände können daher nicht schädlich, und eine „Republik, die während einer so langen Zeit bey allen ihren „Mißhelligkeiten, nicht über acht oder zehn Bürger ins

Auf diese Weise lag die gesetzgebende Gewalt in den Händen des Stadtraths, welcher aus Adlichen und Gemei-

„ Elend verwiesen, sehr wenige am Leben, und auch nicht
„ einmal viele an Geld bestraft hat, kann nicht uneinig ge-
„ nannt werden; auch kann man auf keinerley Weise einen
„ Freystaat mit Grund unordentlich heissen, der so viele Bey-
„ spiele von Tugend aufzuzeigen und einen so guten Handel
„ hatte. Denn gute Beyspiele (und Reichthümer) entsprin-
„ gen aus einer guten Verfassung, diese aber aus guten Ge-
„ setzen, und gute Gesetze aus eben den Mißhelligkeiten, die
„ viele unüberlegt verdammen."

„Jeder, der den Ausgang dieser Bewegungen unter-
„ suchen wird, wird finden, daß sie keine Verweisung oder
„ Gewalt zum Schaden des allgemeinen Besten, wohl aber
„ Gesetze und Einrichtungen zum Wohl der öffentlichen Frey-
„ heit erzeugt haben. Sollte indessen jemand einwenden, wie
„ die Art und Weise doch ausserordentlich und so zu sagen
„ ganz ausgelassen sey, wenn man ein ganzes Volk wider
„ die Patricier, und die Patricier wider das Volk schreyen
„ hört, wenn man alles verwirrt durch die Straßen laufen,
„ die Läden verschließen, und das ganze Patriciervolk aus-
„ ziehen sieht, welches einem, wenn mans blos liest, er-
„ schrecklich vorkommt; so antworte ich: ein jeder Staat muß
„ gewisse Mittel und Gewohnheiten haben, durch die das
„ Volk seinen Stolz auslassen kann, und besonders derjenige,
„ der bey wichtigen Angelegenheiten sich des Volks mit
„ Nutzen bedienen will."

„Die Sitte in diesem Stück war die, daß, wenn das
„ Volk ein Gesetz erhalten wollte, es entweder eine solche
„ vorangeschickte Bewegung machte, oder sich der Waffen der
„ Alten bemächtigte; um es nun zu besänftigen, war man
„ genöthiget, ihm einestheils zu willfahren."

II. Eben diese Verfassungen beförderten auch eine regelmäßigere Justiz und die Einführung ordentlicher Gesetze. Bißher war die Gerechtigkeit von den geistlichen oder weltlichen Vasallen blos nach Willkühr verwaltet worden. Ja sie übten sogar Vorrechte aus, welche, wie Robertson sagt a), die Einwohner der natürlichsten und unveräusserlichen Rechte der Menschheit beraubten. Alle alten Gesetze waren gänzlich in Vergessenheit gekommen, oder es war ein schwankendes unbestimmtes Gemisch von Herkommen und Willkühr. Allein den Bürgern der Städte war daran gelegen, gleiche Rechte und gleiche Sicherheit zu genießen, bey dem Seinigen geschützt zu seyn, über das durch Schweiß und Arbeit erworbene Gut frey zu disponiren, und überhaupt seine Rechte und seine Richter zu kennen. Da wurde sonach das Herkommen und verbürgte Gesetz bestimmt, jedem bekannt, und die angesetzten und gewählten Richter durften nur nach gehörigen Vorschriften entscheiden.

Der fleisige Gudenus hat uns einige Bruchstücke von der alten Verfassung des Mainzer Stadtgerichts gesammelt, woraus man ersieht, daß es aus einem Kämmerer oder Kammerrichter, aus einem Stadtschultheißen, vier Richtern und einem Gerichtsschreiber bestund. Es wurde des Jahrs dreymal gehalten, nämlich auf jeden Mittwoch nach dem 18. Jänner, nach Sonntag Quasimodo, und nach St. Johannis des Täufers. Man hieß es Ungebodending. Da wurden Verträge geschlossen, Schankungen und Testamente gemacht, Zeugen verhört, die Gründe und Gegengründe der Parteyen vorgetragen, und

gezeigt, daß die sogenannten Münzgenossen ein forum privilegiatum hatten.

a) Geschichte Karls V. 1r Th. 1r Abschnitt.

endlich durch drey hintereinander folgende Bannbriefe oder Dekrete die Sache abgeurtheilt. Die Formen, welche aus einzeln von Gudenns gesammelten Urtheilen hervorleuchten, zeugen deutlich von den Fortschritten, welche man in Ausübung der Gerichtsbarkeit und überhaupt in der Rechtspflege gemacht habe *a*).

Von der Criminaljustiz hat uns der fleißige Gudenus wenigere Nachrichten hinterlassen. Vermuthlich wurden alle Fälle vor den sogenannten Waltboten oder Gewaltsboten gebracht, welcher denn auf gehöriges Zeug- und Bekenntniß die Sache aburtheilte *b*).

III. Nachdem die Einwohner der Städte zu einer so beträchtlichen Sicherheit gelangt waren, strebte auch bald das gemeine Volk nach der Entlassung aus seiner drückenden Sklaverey. Kirche und Könige brachten die Freylassung in Uebung, „und die Monarchen, sagt Robert-

a) Gud. cod. dipl. T. II. Da Wir sasen zu Ungebodendingen uff dem Hofe zu Mentze — da kam für uns an offen Gericht Joannes Vicarius S. Gangolfi, und gewann seinen dritten Bann über dry Huser, genannt zum Schlüssel — Und hat daz, Richter Jakob zum Dürrenbaum besait mit Eyden und wart des Herrn Johann bestedigt Recht — mit seinen 3 Bannen, und mit Eyden und mit Orteln, von einem Ungebodending ins das andere; und von dem andern in das dritte ohne Hindernisse von Widersprache eines iglichen Menschen — als zu Mentze gewonlich von Recht ist ꝛc. ann. 1348.

b) So mußte zum Beyspiel der Kläger, wenn ihm sein Pferd gestohlen war, indem er dasselbe mit Händen und Füßen berührte, schwören, daß dieses Pferd sein eigen seye. Es scheint noch ein Ueberbleibsel der alten deutschen Gesetze gewesen zu seyn, daß der Bestohlne den Dieb konnte hängen lassen, wenn er wollte, oder auch ihn begnadigen; alsdenn mußte sich der Dieb mit dem Gewaltsboten abfinden.

„ son, die durch die Nothwendigkeit, nicht weniger als
„ durch ihre eigene Neigung angereizt wurden, die Macht
„ des Adels einzuschränken, bestrebten sich, diese Frey-
„ lassung allgemein zu machen. Ludwig der zehnte, und
„ sein Bruder Philipp der fünfte gaben Verordnungen,
„ worinn sie sich erklärten: "Wie alle Menschen von Natur
„ frey geboren wären, und ihr Königreich das Königreich
„ der Franken hieße, so beschlössen sie, dasselbe sollte es
„ in der That, und wirklich, so als dem Namen nach
„ seyn: und in dieser Absicht verordneten sie, daß alle
„ Leibeigene in ihrem ganzen Königreiche auf gerechte und
„ billige Bedingungen freygelassen werden sollten." Diese
„ Edikte wurden unmittelbar auf den königlichen Kron-
„ gütern vollzogen. Das Exempel der Souverains, und
„ dabey die Hoffnung beträchtlicher Summen, die bey
„ dieser Gelegenheit gewonnen werden könnten, bewog
„ manche von dem Adel, ihre Sklaven in Freyheit zu
„ setzen: und die Knechtschaft ward nach und nach fast
„ in allen Provinzen des Königreiches abgeschafft. In
„ Italien hatten die großen Städte unter sich eine Regi-
„ mentsverfassung eingeführt, die der Regierung eines
„ Freystaates ähnlich war, das Genie und die Grundsätze
„ derselben waren von der Lehenseinrichtung unendlich
„ verschieden, und diese sowohl, als die Ideen der Billig-
„ keit und Gleichheit, die der Fortgang der Handlung be-
„ kannt und gewöhnlich gemacht hatte, führten allmählig
„ den Gebrauch ein, die ehemaligen Leibeigenen auf den
„ Landgütern frey zu lassen. In einigen Provinzen von
„ Deutschland wurden die Personen, die in dieser Gattung
„ von Knechtschaft stunden, in Freyheit gesetzt: in andern
„ ward die Härte ihres Zustandes gemildert. Als in Eng-
„ land der Geist der Freyheit einigen Grund gewann,

„ ward

„ ward selbst der Name und die Idee einer persönlichen „ Knechtschaft sogar ohne eine förmliche Vermittelung der „ Gesetze, die sie aufgehoben hätten, völlig abgeschafft."

„Die Folgen einer so merkwürdigen Veränderung in „ dem Zustande eines so grossen Theils des Volks mußten „ nothwendig sehr beträchtlich und ausgebreitet seyn. Der „ Landmann, der nunmehr Meister seiner eigenen Aemsigkeit, und versichert war, daß er für sich selbst die Früchte seiner Arbeit ärndten würde, ward ein Anbauer eben „ derjenigen Felder, die er ehemals gezwungen gewesen „ war, für den Vortheil eines andern zu bestellen. Die „ gehässigen Namen von Gebieter und Sklaven, die den „ schimpflichsten und niederdrückendsten Unterschied für „ die menschliche Natur machen, wurden abgestellt. Es „ öffneten sich neue Aussichten, es stelleten sich denen, die „ freygelassen waren, neue Reizungen zum Fleiß und zu „ Unternehmungen vor. Die Hoffnung, sowohl seine „ Güter zu bessern, als auch vielleicht sich einmal in einen „ mehr vornehmern Stand zu erheben, vereinigte sich, „ ihre Thätigkeit und ihr Genie aufzumuntern; und eine „ zahlreiche Klasse von Menschen, die ehemals keine politische Existenz gehabt hatten, sondern blos als Werkzeuge zur Arbeit gebraucht waren, wurden nunmehr „ nützliche Bürger, und trugen das Ihrige bey zur Vermehrung der Kraft, oder der Reichthümer der Gesellschaft, die sie als Glieder aufnahm."

IV. Die Bündnisse der Städte fiengen auch bald an, das bisher als ein bürgerliches Null gedrückte gemeine Volk zu einer eignen politischen Macht, und einem eignen bürgerlichen Stande zu erheben. „Dieser sogenannte dritte „ oder Mittelstand milderte, wie Robertson sagt, die „ Härte der aristokratischen Unterdrückung mit einer vor-

„ theilhaften Mischung bürgerlicher Freyheit: sie versicherte „ dem großen Körper des Volks, das ehemals niemand „ hatte, der es vorstellete, thätige und mächtige Beschützer „ seiner Freyheiten: sie führten eine Mittelmacht zwischen „ dem Könige und dem Adel ein, um deren Gunst sich „ einer nach dem andern bewarb, und die bald den An- „ masungen des einen widerstund, und bald die Eingriffe „ des andern im Zaum hielt. Sobald die Bevollmächtig- „ ten der Gemeinen einen Grad von Kredit und Einfluß „ bey der Gesetzgebung gewannen, ward der Geist der „ Gesetze verschieden von dem, was er vorhin gewesen „ war: Er floß aus neuen Grundsätzen: Er war auf neue „ Gegenstände gerichtet: Billigkeit, Ordnung, das allge- „ meine Beste und Abstellung der Beschwerden, wurden „ gebräuchliche Redensarten und Begriffe, und in den „ Statuten und der Rechtsgelehrsamkeit der europäischen „ Nationen ganz gewöhnlich. Die stärksten Bemühungen „ für die Freyheit sind in allen europäischen Ländern fast „ allein von dieser neuen Macht der gesetzgebenden Gewalt „ angewandt. Nach dem Maase, als dieselbe beträchtlich „ ward, und Ansehen gewann, nahm die Strenge des „ aristokratischen Geistes ab; und die Vorrechte des Volks „ wurden stufenweis mehr ausgedehnt, je nachdem die „ alte und ausschweifende Gerichtsbarkeit des Adels einge- „ schränkt ward," und so entstand, wie Montesquieu sagt, jene glückliche mäßige Verfassung der europäischen Staaten, welche alle bisherige bürgerliche Klugheit beschämt.

Wir haben bereits schon die Wirkung, welche solche Bündnisse in unserm deutschen Reiche hervorbrachten, gesehen; aber sie erstreckte sich bald auch über andere Reiche. Die Verbindung der Städte in Frankreich im Jahre 1314 — und besonders im Jahre 1355 — in Spanien schon im

Jahre 1350 — und hernach die heilige Hermandad oder Bruderschaft — In England im Jahre 1258, woraus sich das Unterhaus entwickelte — der Italiänische — der Hanse- und Schweizerbund sind Beweise davon.

V. Die friedliche Betriebsamkeit war der Zweck aller dieser Anstalten; natürlich machten auch alle Gewerbe und besonders der Handel dadurch die größten Fortschritte.

„Die Zünfte in den Städten, sagt Herder, so lästig „ sie oft der Obrigkeit, ja der wachsenden Kunst wurden, „ waren als kleine Gemeinwesen, als verbündete Körper, „ wo jeder für alle, alle für jeden standen, zur Erhaltung „ redlichen Gewerbes, zur besseren Bearbeitung der Künste, „ endlich zur Schätzung und Ehre des Künstlers selbst „ damals unentbehrlich. Durch sie ist Europa die Verar- „ beiterinn aller Erzeugnisse der Welt worden, und hat „ sich dadurch als der kleinste und ärmste Welttheil die „ Uebermacht über alle Welttheile erworben. Seinem „ Fleiß ist es Europa schuldig, daß aus Wolle und Flachs, „ aus Hanf und Seide, aus Haaren und Häuten, aus „ Leim und Erden, aus Steinen, Metallen, Pflanzen, „ Säften und Farben, aus Asche, Salzen, Lumpen und „ Unrath Wunderdinge hervorgebracht sind, die wiederum „ als Mittel zu andern Wunderdingen dienten und dienen „ werden. Ist die Geschichte der Erfindungen das größte „ Lob des menschlichen Geistes, so sind Zünfte und Gilden „ die Schule derselben gewesen, indem durch Vereinze- „ lung der Künste und regelmäßige Ordnung des Erler- „ nens, selbst durch den Wetteifer mehrerer gegeneinander, „ und durch die liebe Armuth, Dinge hervorgebracht sind, „ die die Gunst der Regenten und des Staats kaum kann- „ te, selten beförderte oder belohnte, fast nimmer aber „ erweckte. Im Schatten eines friedlichen Stadtregi-

„ ments giengen sie durch Zucht und Ordnung hervor; die „ sinnreichsten Künste entstanden aus Handarbeiten, aus „ Gewerken, deren Gewand sie, zumal diesseits der Alpen „ nicht zu ihrem Schaden lange Zeit an sich getragen ha- „ ben. Lasset uns also auch jene Förmlichkeiten und Lehr- „ staffeln jeder solchen praktischen Ordnung nicht verlachen „ oder bemitleiden; an ihnen erhielt sich das Wesen der „ Kunst und die Gemeinehre der Künstler. Der Mönch „ und Ritter bedurfte der Lehngrade weit minder, als „ der thätige Arbeiter, bey welchem die ganze Genossen- „ schaft gleichsam den Werth seiner Arbeit verbürgte; „ denn allem, was Kunst ist, stehet nichts so sehr als „ Pfuscherey, Mangel des Gefühls an Meisterehre ent- „ gegen, mit diesem gehet die Kunst selbst zu Grunde."

„Ehrwürdig sind also die Meisterwerke der mittleren „ Zeit, die vom Verdienst der Städte um alles, was „ Kunst und Gewerb ist, zeugen. Die gothische Baukunst „ wäre nie zu ihrer Blüthe gelanget, wenn nicht Republi- „ ken und reiche Handelsstädte mit Domkirchen und Rath- „ häusern so gewetteifert hätten, wie einst die Städte der „ Griechen mit Bildsäulen und Tempeln."

„In jeder derselben bemerken wir, woher ihr Geschmack „ Muster nahm, und wohin sich damals ihr Verkehr „ wandte; Venedig und Pisa haben in ihren ältesten Ge- „ bäuden eine andere Bauart, als Florenz oder Mailand. „ Die Städte disseits des Gebürges folgten diesen oder „ andern Mustern: im Ganzen aber wird die bessere go- „ thische Baukunst am meisten aus der Verfassung der „ Städte und dem Geist der Zeiten erklärbar. Denn wie „ Menschen denken und leben, so bauen und wohnen sie; „ auch auswärts gesehene Muster können sie nur nach „ ihrer Art anwenden, da jeder Vogel nach Gestalt und

„ Lebensweise sein Nest bauet. An Klöstern und Ritter„ kastellen wäre die kühnste und zierlichste Baukunst nie „ geworden; sie ist das Prachteigenthum der öffentlichen „ Gemeine. Deßgleichen tragen die schätzbarsten Kunst„ werke der mittleren Zeiten in Metallen, Elfenbein oder „ auf Glas, Holz, in Teppichen und Kleidern das Ehren„ schild der Geschlechter, der Gemeinheiten und Städte, „ weßhalb sie auch meistens daurenden Werth in sich ha„ ben, und sind mit Recht ein unveräusserliches Besitzthum „ der Städte und Geschlechter. So schrieb der Bürger„ fleiß auch Chroniken auf, in welchem freylich dem „ Schreibenden sein Haus, sein Geschlecht, seine Zunft „ und Stadt die ganze Welt ist: desto inniger aber nimmt „ er mit Geist und Herz an ihnen Antheil, und wohl den „ Ländern, deren Geschichte aus vielen dergleichen und „ nicht aus Mönchschroniken hervorgehet. Auch die römi„ sche Rechtsgelehrsamkeit ist zuerst durch die Rathgeber „ der Städte kräftig und weise beschränkt worden, sonst „ würde sie die besten Statuten und Rechte der Völker „ zuletzt verdrängt haben."

Unter den Städten disseits der Alpen gehört Mainz füglich unter die Kunst- und Erfindungsreichsten. An den Verzeichnissen der während der Fehde Isenburgs und Nassau's in Mainz geplünderten Güter und Geräthschaften, an den alten aus der Zeit noch übrigen Kirchenparamenten und Verzierungen *a*) und an der Liebfrau- und Stephanskirche, welche beyde von dem Gelde und vermuthlich auch von den Händen der Mainzer Bürger errichtet wurden, kann man auf den hohen Grad der handwerklichen und künstlerischen Geschicklichkeit schließen. Die Wollenweberzunft allein war damal zu Mainz so zahlreich

a) Siehe Joannis T. I, II. Hellwich Diss. Mog.

und wohlhabend, daß sie in der Pfarrkirche zu St. Emeran eigene Stiftungen machen konnte. Die Zunft der Goldschmiede zählte über dreysig Genossen.

Vorzüglich zeigt aber das noch stehende stolze Kaufhaus von der damaligen Industrie, von dem Reichthum und Handel der Bürger. Es wurde zur Zeit des Rheinischen Bundes, und vielleicht zu dessen ewigem Andenken und Ehre errichtet: dies zeigen die Schildhalter der verbundenen Städte, dies zeigt seine Geräumigkeit und seine Lage. Mainz, eine der ersten Städte Deutschlands, von der Natur an zweyen großen Flüssen zur Handelsstadt bestimmt, mußte ja nothwendig an Reichthum und Handel unter seinen Mitschwestern am Rheine die erste seyn.

VI. Aber auch auf die ländliche Industrie hatte der Fleiß und Handel der Städte den wohlthätigsten Einfluß. Und dieses, wie Smith in seinem Werke über Nationalreichthum sagt, auf drey verschiedene Arten: „erstlich, „dadurch, daß sie dem rohen Produkt des Handels einen „großen und nahen Markt gewährten, beförderten und „unterstützten sie seinen Anbau und seine fernere Verbesse„rungen. Dieser Vortheil war nicht einmal auf die Län„der, worinn diese Städte lagen, eingeschränkt, sondern „erstreckte sich auch mehr oder weniger auf alle die Länder, „mit welchen sie einen Verkehr hatten. Sie gewährten „ihnen allen einen Markt für irgend einen Theil ihres „rohen oder verarbeiteten Produkts, und folglich halfen „sie auch in allem den Fleiß einigermaßen ermuntern und „begünstigen. Doch mußte ihr eigenes Land seiner Nähe „wegen nothwendig den größten Vortheil aus diesem „Markt ziehen. Da sein rohes Produkt weniger Fracht„kosten zu bezahlen hatte, so konnten die Handelsleute „den Feldleuten einen desto besseren Preis dafür bezahlen,

„ Luxuswaaren von den schlauen und gewinnsüchtigen
„ Städtebewohnern erkaufen zu können. Verschiedene
„ europäische Könige, welche die Folgen dieses Verkehres
„ einsahen, und es für das schicklichste Mittel, die Macht
„ ihres Adels zu brechen, hielten, erlaubten demselben,
„ seine Güter veräussern und verkaufen zu dörfen. Der
„ Luxus und die Ausgaben desselben wuchsen auch bald so
„ hoch an, daß er gern seine Macht und seine Güter hin-
„ weggab, um nur seine Ueppigkeiten befriedigen zu kön-
„ nen. Auf diese Weise wurden durch die Städte nicht
„ nur die Güter des Adels und der Geistlichkeit besser an-
„ gebauet, sondern sie wurden auch bald unter fleißige
„ und betriebsame Leute umhergetheilt, unter deren Händen
„ sie zu dem heutigen Grade von Kultur heranstiegen.
„ So wurde in Europa durch den Handel der Kunstfleiß,
„ und durch den Kunstfleiß die Landwirthschaft verbessert
„ und vervollkommnet."

Ich habe in dem vorigen Buche die großen Verdienste der Geistlichen und Klöster in Rücksicht des Anbaues unseres Landes, besonders der Weinberge bereits angerühmt. Allein diese damals so heilsame Stiftungen werden mir es nicht als Sünde anrechnen, wenn ich behaupte, daß unsere Städte und Gemeinheiten darinn gewiß schnellere und allgemeinere Wirkungen hervorbrachten — Ich brauche darüber eben keine modernde Urkunden anzuführen, der blühende Zustand des Ackerbaues, der Garten- und Baumfrüchte sind lebendige Beweise davon: die nahen um die Städte liegenden Dörfer sind fast ringsum mit Gärten und Obstwäldern umgeben. Die Frucht- und Speisemärkte zu Mainz, Bingen, Oppenheim, Frankfurt, Aschaffenburg ꝛc. gaben den Bauern einen sicheren und einträglichen Absatz ihres Getreides, ihres Obstes, ihrer Küchenkräuter, ihrer Milch, Butter und Käse :c. Die reichen Bürger, welche gemäß ihrer Verfassung und Freyheit gewiß bessere Verwendungen machen konnten, als der unerfahrne und oft eigensinnige Landmann, steckten öfters selbst ihre überschüssigen Kapitalien in Landgüter umher, giengen dem an seinen Schlendrian gewöhnten Bauer mit gutem Beyspiele neuer Anbauungen vor, und halfen auf diese Art auch die Landindustrie und die ländliche Kultur vermehren. Die Mainzer Bürger müssen schon im zwölften, dreyzehnten und vierzehnten Jahrhundert eine Menge Landgüter in dem Mainzer Gau, im Rheingau und dem sogenannten Ländchen besessen haben, weil sie, wie wir gesehen, bey inneren Unruhen der Stadt sich immer auf das Land geflüchtet haben. Auch lassen es verschiedene Stiftungen, welche wir in den Urkunden des Gudenus und Joannis finden, nicht undeutlich vermuthen: setzen wir noch hinzu, daß durch die Bündnisse der Städte der Landfrieden wenigstens auch den sogenannten Pfahlbürgern zustatten kam, so ist es offenbar, daß durch diese Anstalten auch von der Seite die Landkultur mächtig befördert wurde.

VII. Der Fleiß führte die Bürger zur Geschicklichkeit, die Geschicklichkeit zu neuen Entdeckungen. Wir wollen die Erfindung der Magnetnadel, des Glasschleifens und des Papiers andern Städten gern eingestehen; unsern Bürgern gehört die Stiftung der Hanse, die Erfindung der Druckerey, und vielleicht auch der erste Gebrauch des Schießpulvers. Niemand macht die ersteren dem Walpoden, Guttenberg, Faust und Schäfer streitig. Aber daß im Jahre 1344, wo man wenigstens in Deutschland noch nichts von Feuergewehren wußte, auf dem Schlosse Ehrenfels, Bingen gegenüber, schon ein Feuerschütz sich aufhielt, beweiset Herr Schunk durch eine Urkunde in seinen Beyträgen zur Mainzer Geschichte a).

Wie viel der rheinische Bund auf Europa wirkte, zeigt die ganze bisher erzählte Geschichte. Daß die Buchdruckerey das kräftigste und schnellste Vehikel der Aufklärung und Wissenschaften sey, ist bereits von allen Nationen eingestanden. Allein daß auch das Schießpulver ein im Ganzen wohlthätiges Werkzeug der Vorsehung geworden sey, wird nun auch allbereits von großen Schriftstellern beynahe erwiesen. „Unglaublich viel, sagt Herder, hängt in dem „neuerm Zustande von Europa von dieser Erfindung ab, „die den Rittergeist mehr als alle Concilien besiegt, die „Gewalt der Regenten mehr als alle Volksversammlungen „befördert, dem blinden Metzeln persönlich erbitterter „Heere gesteuert, und der Kriegsart, die sie hervorbrachte, „auch selbst Schranken gesetzt hat."

Diese Einrichtungen, Entdeckungen und Erfindungen waren nothwendig die Beförderinnen der Künste und Wissenschaften. Schon Robertson klagt, daß die Musen im neueren Europa nicht wie im alten Griechenland mit frohem Gesang und Musik, sondern mit eitelm unverständlichen Mönchsgeschwatz und scholastischem Unsinn den Menschenverstand zur Empfängniß des Lichts viel mehr geblendet als vorbereitet hätten. „Unter ganzen Völkern sowohl

a) Archiepiscopus Mogunt. (Henricus III.) Tibi Lud. nro in Ehrenfels Thelon. mand. quatenus absque mora Ignis sagittarium videlicet (Furschüzen) tecum in Ehrenfels commorantem ad nos Aschaffenburgum cum omnibus pparamentis transmittere non obmittas, et dicas sibi, si aliquem in sua arte similem sciat, quod illum una secum adducat. Dat. Asch. ipsa btorum Symonis et Judae Apostolorum, et necessaria secum ad artem suam nostro nomine emas et procures. Dat. ut sup. Anno Dni MCCCXLIIII.

„ als einzelnen Personen, sagt dieser vortrefliche Schrift„ steller, erhält das Vermögen der Einbildung einen ge„ wissen Grad von Stärke eher, als die übrigen Kräfte „ des Verstandes. Der Mensch wird erst ein Poet, ehe „ er ein Philosoph wird. Die Zeiten eines Homers und „ Hesiodus müssen jenen eines Thales und Socra„ tes vorausgehen." Aber die meisten Europäer wichen zu der Zeit von diesem Wege ab, und stürzten sich in einen Abgrund finsterer und metaphisischer Untersuchungen. Mainz allein schien dem Fingerzeige der Natur wieder zu folgen, und durch seinen Frauenlob, und die von ihm gestiftete Zunft der Meistersänger die Schule der Philosophen vorzubereiten, welche unter dem weisen Kurfürsten Johann Philipp durch Leipniz sollte angelegt werden *a*). Es ist Schade, daß wir kaum einige Bruchstücke der Gedichte dieses in mancher Rücksicht merkwürdigen Sängers haben: sie giengen, wie unseres weiland großen Landsmanns Karls Sammlung der Bardengesänge verloren, oder stecken noch im Staube alter Klosterbibliotheken. Alles, was wir noch von ihm wissen, ist folgendes. — „Um diese Zeit (1305) und zuvor hat „ gelebt Heinrich Frauenlob, ein künstlicher auch „ lieblicher Meistersänger, soll nach etlicher Meynung ein

a) Bekanntlich hielt sich Leipniz unter Johann Philipp zu Mainz lange auf, war Kurfürstlicher Rath, und sollte mit dem geheimen Rath von Lasser das römische Gesetzbuch reformiren. Mainz würde auf diese Weise den Preußischen Staaten in der Gesetzgebung vorausgegangen seyn. Der Kurmainzische Minister von Boeneburg sagt in einem Briefe an Conring von Leipniz: Moguntiae degit apud Lasserum, conciliarium electoralem, quicum molitur, quod nosti, pro jure rectius ordinando. Gruber *commercium epist.* Leipniz.

„ Doctor Theologiae gewesen seyn; hat alle seine Lieder,
„ die er gemacht, zum Lob und Ruhm des weiblichen Ge„
schlechtes gerichtet, daher er auch den Namen bekom„
men, daß er Doctor Frauenlob genennt worden,
„ welcher Lieder man noch etliche hat, als eins, so sich
„ anfahet:"

„Ich bin genannt der Frauenlob zu dieser Zeit,
„ und ist gestellt wider einen, der den Jungfrauenstand
„ dem ehelichen Stande vorgezogen hat. Sonderlich hat
„ er von der Jungfrau Maria, der Mutter des Herrn
„ Christi, etliche Lieder zusammengesetzt, die man unser
„ Frauenlied geheisen hat, wie Magister Albertus von
„ Strasburg in seiner Chronik gedenket. Er hat den
„ Zogton erfunden, im Jahr 1317 (1318) ist er zu Menz,
„ da er sich sonst gehalten, gestorben und an St. Andreas
„ Abend daselbst in der Dhomkirch im Umgang bey dem
„ Wendelstein ehrlich begraben worden. Und haben ihn
„ etliche Matronen aus seiner Herberg oder Wohnung zu
„ Grab getragen mit vielen Thränen und Weinen: und
„ haben darnach alsbald soviel Weirs in und auf sein
„ Grab nachgegossen, daß es ums Grab vom Weine ge„
schwemmen, wie sie ihm dann auch oftmals noch bey
„ seinem Leben den Wein verehrt haben *a*)."

Nachdem der Geist unserer Bürger auf diese Weise durch Gesang vorbereitet war, konnte Diether von Isenburg im Jahre 1477 den höheren Wissenschaften durch Errichtung der Mainzer Universität einen neuen Tempel stiften. Es war eben dieser muthige Erzbischof, welcher unter den deutschen Bischöffen der erste die Anmasungen

a) Cyriacus Spangenberg in seinem Buche von der edlen und hochberühmten Kunst der Musica.

des römischen Hofs angriff Ewig merkwürdig wird die Rede, welche Diether zu Mainz in der Versammlung der Fürsten hielt, in den Jahrbüchern der Mainzer und europäischen Geschichte seyn. Als Deutschlands Demosthenes sprach er so gegen die Bedrückungen und den Aberglauben der römischen Hierarchie:

„Wie und auf welche Art ich dieser Tagen von dem „römischen Pabste bedrängt worden, das wisset ihr alle, „edle Männer! doch will ich es kürzlich wiederholen, „wenn vielleicht jemand unter euch nicht wissen sollte, „was die ganze Welt weiß. Als ich zum Erzbischoffe der „Mainzer Kirche gewählt ward, schickte ich nach dem „alten Herkommen meine Gesandten nach Mantua, wo „damals der römische Hof war, um die päbstliche Be„stättigung. Mein Gesuch ward lange herumgezogen „und verachtet, meine Gesandten mußten unverrichteter „Sache abziehen, weil sie in die unbilligen Foderungen „nicht willigen wollten. Man verlangte eine große „Summe Geldes, als die Hauptbedingniß der Bestät„tigung, und dabey einen neuen zeither unerhörten Eyd: „daß ich ohne des Pabstes Willen die Stände der Nation „nicht berufen sollte. Ich übergehe andere die Nation „äusserst beschwerende Dinge, die Zehenden, die Ablässe, „zu denen ich meinen Willen geben sollte. Ich duldete, „sogut ich konnte, meinen Aufschub ohne Bitterkeit, „schickte meine Gesandten zurück, bat noch einmal, und „erbot mich zu den Geldern, die meine Vorfahren an „die päbstliche Kammer entrichtet hatten; noch ward die „Sache verzögert; da ich endlich die Bestättigung anders „nicht erhalten konnte, schwur ich wider die Gewohnheit, „in Jahresfrist vor dem Pabste zu erscheinen; römische „Kaufleute leisteten die Bezahlung der Gelder gegen eine

„ Verschreibung in der sogenannten Form der Kammer, „ die Zeit verfloß, und, weil ich in der bestimmten Frist „ nicht bezahlen konnte, ward ich in den Bann gethan, „ und dieser öffentlich angeschlagen: dies ist, was mich „ angehet; was ich aber nun sage, betrifft euch alle: wo- „ zu glaubt ihr wohl, daß die Zehenten, die sie verlangen, „ und die Ablässe, die sie bringen, dienen sollten? sie sagen „ freylich, zum Türkenkriege — dieser koste Geld — das „ sind leere Vorspiegelungen — wenn ihr mir beytrettet, „ werden sie mit ihren Ränken nichts verfangen. Ich „ habe mich auf ein Concilium berufen, nicht sowohl, „ weil ich ungerechter Weise mit dem Banne belegt wor- „ den, als damit meine Unterthanen nicht von dem Laste „ des Zehenten bedrückt würden. Dieses Mittel ist uns „ gegen die Allgewalt des römischen Hofes noch übrig. „ Wollt ihr meinem Beyspiele folgen, so wird euch und „ euren Unterthanen wohl gerathen seyn."

Diese muthige Rede kostete Diethern seinen Kurhut, und sein Erzbißthum, und die Stadt Mainz ihre Freyheit und Herrlichkeit; allein diese Grundsätze verbreiteten sich doch über alle rheinische Gauen. Kurz darauf sah man die rheinischen Köpfe auf allen Seiten hervorleuchten, und mit Gründlichkeit, Gelehrsamkeit und Witz die Anmasungen des römischen Hofes rügen. Reuchlin, Hutten, Melanchton, Wessel zündeten am Rhein ein Licht an, welches erst nach einer sanften Morgenröthe den ganzen Norden erleuchten sollte; aber bald ganz Europa in eine fürchterliche Feuersbrunst versetzte *a*).

Ich will eine Stelle aus des seel. Professor Schwarz Geschichte Diethers von Isenburg hier einrücken, welche Mainz besonders angehet.

a) Siehe hierüber Schmidts Geschichte der Deutschen.

„Im Jahre 1479, sagt ein gleichzeitiger Geschicht„schreiber, schickte der hochwürdigste Erzbischof von Mainz „Diether von Isenburg Schreiben an die hohen Schulen „zu Heidelberg und Kölln. Hiezu reizten und nöthigten „ihn sogar einige Thomisten; denn er fürchtete, auf Be„fehl des Pabstes abermal vom bischöflichen Stuhle ge„stürzt zu werden, welches ihm schon wiederfahren war, „weil er, wiewohl in gelinden Ausdrücken, den Geldgeiz „der Römer in Verkaufung der Pallien gerüget hatte. „Sie droheten ihm also mit dem päbstlichen Zorne, den „nicht sowohl er, als das ganze vom siegenden Feinde „geplünderte, und auf das schändlichste gemißhandelte „Mainz erfahren hatte. Daher auch Pius II, wenn „die Rede von Mainz war, immer geseufzet haben „soll, daß er sein Recht mit so vielem Unheile gerettet „habe. In diesem Schreiben ersuchte der Erzbischof ge„dachte hohe Schule um Theologen, welche die der Ketzerey „verdächtigen Sätze des Magisters Johann von Wesalia „untersuchen sollten. Im Namen der hohen Schule zu „Heidelberg beantwortete ich dieses Schreiben."

„Johann von Wesalia, sonst auch Rückrad oder „Ruchart genannt, trug, gleich vielen Gelehrten, den „ersten Namen von seinem Geburtsorte, der Stadt Ober„wesel am Rhein. Er war ein berühmter Mann seiner „Zeit, und lehrte zu Erfurt mit vielem Beyfall; da ließ „er Schriften im Drucke ausgehen, die auch, nachdem „er abwesend und gestorben war, allgemein geschätzt wur„den. Im Jahre 1468. war er Dompfarrer zu Mainz, „und Domherr zu Worms. Der Pest wegen flüchtete er „sich eine Zeitlang von Mainz, und predigte zu Worms. „Weil er dachte, was so manche andere seiner Zeit nicht „thaten, und die Unsrigen nicht thun, verfiel er auf son-

„derbare Meynungen, die hauptsächlich die Thomisten „(eine scholastisch-philosophische und theologische Sekte) „nicht verdauen konnten. Worin dieselben bestanden, will „ich aus dem Ortuinus Gratius, einem durch die „Epistolas obscurorum virorum berühmten, und eben „dadurch verkannten Manne kürzlich anführen: Die „Kirchenvorsteher haben keine Gewalt, neue Gesetze zu „geben. Kein Christ, so gelehrt und weise er auch sey, habe „Fug, die Worte Christi auszulegen; die Ablässe seyen „nichts; der Glosse traue er nicht, auch glaube er nicht „an die Sätze der Kirchenlehrer; wenn sie noch so heilig „wären, die Kirchenverbote verbänden nicht unter Sünde. „Die Auserwählten seyen von Ewigkeit in ein Buch „geschrieben: wer einmal darin, werde nie daraus gelöscht, „nie eingeschrieben, wer nicht darin seye. Die Auserwählten werden durch die Gnade Gottes allein selig; „Priester, Pabst und andere helfen nichts dazu. Wäre „nie ein Pabst gewesen, würden doch, die es nun sind, „selig geworden seyn. Wenn der heilige Peter die Fasten „eingesetzt, so hätte er es etwa gethan, um seine Fische „desto besser anzubringen. Christus habe nie zu fasten „befohlen, noch einige Speise an je einem Tage verboten. „Die heilige Kirche habe dies auch nicht gethan; so oft „den Menschen hungere, möge er essen, und man könnte „am Karfreytage einen guten Kapaunen speisen. Die Kirche „habe auch das Hochzeithalten in der Fastenzeit nicht „untersagt. Das heilige Oel sey nicht besser, als anderes „gemeines Oel. Christus habe Festtage angeordnet, kein „Gebet gelehrt, als das Vater Unser. Den Beichtenden „werden harte Bussen aufgelegt; Christus habe aber nur „gesagt: gehe und sündige nicht mehr. Menschliche „Satzungen quälten den Menschen. Die heilige Schrift „sage

„sage nicht, daß der Geist Gottes vom Sohne ausgehe. „Die nach Rom giengen, wären Thoren, was sie da „suchten, fänden sie auch hier. In dem Symbolum setze „er zu den Worten: eine heilige christliche Kirche, nicht „das Wort: allgemeine. Hieronymus auch nicht; die „allgemeine Kirche sey nicht heilig, sondern großentheils „verworfen. Er verachte den Pabst, die Kirche und Con„cilien, und lobe Christum, das Wort Christi soll über„flüßig in uns wohnen. Nun sey es schwer, Christ zu „seyn." *a*)

„So lauteten die irrigen Sätze, deren Wesalia „beschuldigt ward, in dem Munde der Thomisten; ob sie „auch so im Sinne und Schriften Wesalia's waren, ist „nicht ausgemacht; sie sind wenigstens aus ihrem Zusam„menhange gerissen, abgebrochen, vom Faden, an den „sie gereihet, vielleicht so böse und übellautend nicht. „Dieses nahmen aber die Ketzermacher von jeher so genau „nicht; denn ihnen wars nicht um Wahrheit und Aufklä„rung, sondern um Befestigung ihrer Macht zu thun."

„Die Untersuchung wider den guten Wesalia gieng „förmlich vor sich; man rathschlagte über die Art, wie „darin zu Werke gegangen werden sollte. Die Professoren „zu Heidelberg, der Mainzer Weihbischof Emich, die „Domherren Wilhelm von Wertheim, Rupert von „Solms, Bernhard von Breidenbach, Makar von „Busek, der Pfarrer von Frankfurt, Jakob Welder, „Rektor der hohen Schule zu Mainz, Jakob Duden, „Dechant der artistischen Fakultät, beschlossen, Wesalia „sollte unter einem Eid alle Schriften vorlegen, um aus „denselben einen Auszug der ketzerischen Sätze zu machen.

a) Bey Joannis T. III. stehen seine Sätze ohngefähr nach ähnlichem Inhalt.

„Man legte ihn Diethern vor, der ihn keines Anblickes „würdigte."

„Wesalia hatte viel geschrieben, und doch war man „mit dem Auszuge aus seinen Schriften vom Freytage „bis zum Montage fertig. Indessen langten die beyden „großen Lichter von Kölln, Magister noster Gerhard „Elter, und Magister noster Jakob Sprenger, beyde „Predigerordens, in Mainz an; Wesalia aber lag im „Minoritenkloster gefangen."

„Der Tag kam, an dem die Inquisition ihren Anfang „nahm; es war der Montag nach Mariä Lichtmeß. Der „Kurfürst, dem vermuthlich die Thomisten eingeschärft „hatten, daß er bey der Inquisition gegenwärtig seyn „müßte; Sr. Hochehrwürden der Herr Magister noster „Gerhard Elten, die Professoren von Heidelberg, „Kölln und Mainz, der Kanzler, die Räthe der Kur„fürsten, die Aebte von St. Jakob und Alban, Stifts„herren, Klostergeistliche, Schüler, Fiskal und Pedellen „der Universität waren als Glieder oder Zeugen des inqui„sitorischen Rathes zugegen. Der Ort war der Speisesaal „im Kloster der Minoriten."

„Der würdige und hochgelehrte Magister noster In„quisitor nahm in dem demüthigen Bewußtseyn seiner „Verdienste und hohen Geistesgaben, den Vorsitz vor dem „Erzbischofe. Diether mußte es geschehen lassen, denn „er hatte einen Ketzermacher vor sich, und dies war „genug, um weiland auch einem Kurfürsten Ehrfurcht „einzuflößen. Durch dergleichen Sünden haben die Bet„telmönche die Demüthigung verdient, die sie in unsern „Tagen drückt, wovon jedoch alle würdige, bescheidene „und gelehrte Männer unter ihnen ausgenommen seyn „sollen."

„Blaß, abgewelkt, von Alter und Krankheit gebeugt, „aber mit heiterer Seele trat der arme Wesalia in den „Saal. Kaum trugen ihn seine Beine; denn ein Staab „stützte den alten sinkenden Körper. Nach einigem Wort„wechsel von beyden Seiten erklärte er: er habe nichts „geschrieben wider den Sinn der Kirche; wäre dies je „geschehen, so wolle er Widerruf, und alles thun, was „er schuldig sey."

„Der Inquisitor nahm dies als Geständniß an. Ihr „begehrt also Gnade, sagte er; wenn und wofür ich „muß, erwiederte Wesalia: aber weder bin ich mir „eines Verbrechens, noch einer Schuld bewußt. Das „wird sich bald zeigen, sagte der Inquisitor, und fuhr „fort: Glaubet ihr, daß ihr, nach nun geleistetem Eide, „schuldig seyd die Wahrheit zu sagen wider euch selbsten, „wider jeden andern? Das weiß ich, versetzte Wesalia. „Saget: das glaube ich, sagte der Inquisitor. Wie kann „ich doch glauben, was ich weiß, versetzte Wesalia. „Magister Wesalia, fiel der Inquisitor mit dreymal „immer schärferer Stimme ein, saget: das glaube ich. „Nun so glaube ich's, schloß Wesalia."

„Glaubet ihr in die Exkommunication gefallen zu „seyn, wenn ihr die Wahrheit nicht saget? Das weiß ich, „erwiderte Wesalia; und endlich, Sr. inquisitorischen „Weisheit zu gefallen, das glaube ich."

„Habt ihr eine Abhandlung über die Verbindlichkeit der „menschlichen Gesetze an einen Niklas von Böhmen oder „Pohlen, und über die kirchliche Gewalt, Ablässe, Fasten, „und andere Dinge geschrieben? Das glaube ich, antwortete „Wesalia, und daß ich dieselbe vielen gelehrten Männern, „die Abhandlung vom Fasten aber dem Bischof von Worms „(Reinhard von Sickingen) zugeschickt habe."

„Dem muntern fesselfreyen Geiste Wesalia's im „Angesicht seines trotzigen Splitterrichters, dem unglück„lichen Genius dieser mönchisch-philosophischen und „theologischen Zeiten, dem Vater des Aberwitzes, der „Ketzerey, der Unwissenheit, und selbst meinen Lesern „glaubte ich diesen Auszug aus dem Ketzerprotokolle schul„dig zu seyn; es dienet zum Pröbchen, wie sehr man „damals mit Worten spielte, Stärke in Spitzfindigkeiten „suchte, und dem graden Menschenverstande Fesseln an„legte. Wesalia dorfte nicht wissen, was er doch „wußte; er dorfte nicht handeln, weil er wußte, sondern „weil er glaubte, daß man so handeln müsse; er dorfte „aber auch das nämliche Ding nicht zugleich glauben und „wissen; er mußte also wissen, und nicht wissen, denn er „war schuldig zu glauben."

„Am Dienstage ward die Untersuchung in Beyseyn „des Kurfürsten, und wer sonst wollte, fortgesetzt, We„salia vorgeführt, und der siegstolze Inquisitor öffnete „die Session mit folgender weiser Rede: Drey Dinge „müssen heute vorzüglich der Gegenstand unserer Aufmerk„samkeit seyn: erstens hat Magister Wesalia in dem „gestrigen Verhöre sich über verschiedene Fragen nicht „deutlich genug erklärt, darüber müsse er heute abermal „vorgenommen werden, damit er seine Antworten recht „wiederkäue, und dieselben wohl verdauet von sich gebe; „zweytens ist er über einige Sätze nicht vernommen „worden, und dies muß jezt geschehen. Drittens endlich „müssen ihm die vornehmsten derselben vorgelesen werden, „um zu hören, und zu sehen, ob er darauf beharren, oder „davon abgehen wolle? So methodisch handelte der „schulgerechte Inquisitor. Die ganze Untersuchung dauerte „bis Mittwochs Nachmittags. Sie war eines Inquisiters

„der ketzerischen Bosheit würdig; denn an Auseinander-
„setzung, Zergliederung und Bestimmung der Begriffe, an
„Festsetzung des eigentlichen Sinnes der Kirche, an
„Absönderung des Wesentlichen vom Minderwesentlichen,
„an sanftmüthige Zurückführung des Wesalia von sei-
„nen etwaigen Irrthümern ward nicht gedacht. Wesalia
„mußte glauben, was und wie Se. inquisitorische Hoheit
„wollte."

„Am Donnerstage wurden ihm seine sämmtlichen nach
„Ketzerey riechenden Antworten vorgelegt, um sich darüber
„zu erklären. Wenn aber je in seinen Tagen, so handelte
„Wesalia am Ende derselben als ein kluger Mann; denn
„er widerrief in Beyseyn des Kurfürsten und der ganzen
„Versammlung, was man ihm nicht als kanonisch und
„orthodox wollte gelten lassen."

„Sein Widerruf beweiset freylich keinen reformato-
„rischen Heldenmuth. Wozu wäre auch dieser gut gewe-
„sen! Wozu war es gut, daß der arme Huß auf dem
„Concilium von Constanz zu Asche gebrannt wurde, und
„Jerom von Prag gleichen Tod litte! Vielleicht gab es
„eben deswegen um so mehr Hussiten, die nach ihrem
„Tode mit Feuer und Schwerdt wütheten, und die man
„ihres Orts mit Feuer und Schwerdt vertilgte. Am
„Samstage darauf wurden Wesalia's sämmtliche
„Schriften auf dem Kirchhofe des Domes verbrannt.
„Wesalia widerrief eben daselbst vor allem Volke, und
„ward in das Augustiner Kloster verwiesen, um darin
„seine noch übrigen wenigen Tage in Asche und Thränen
„zu schließen. Der gute Mann gehorchte seinen Richtern
„vollkommen; denn bald darauf machte der Tod seinem
„Leben und theologischen Eigensinne zugleich ein Ende.
„Hätte er den Ausfluß desselben, seine exotisch scheinenden

„Dogmen nicht zurückgenommen: so würden etwa seine „Schriften ihn, oder er diese auf den Scheiterhaufen „begleitet haben, ohne daß der duldsame Kurfürst ihn „retten konnte.“

„So endigte sich diese Geschichte, die in ihren Tagen „Aufsehen machte. Mit dem armen alten Wesalia „ward der rüstige Magister noster in kurzer Zeit fertig; „es stand aber nicht lange nach ihm ein Mann auf, dem „kein Magister noster in der ganzen Welt gewachsen war; „dieser war unhöflich genug, laut zu verkünden, daß „gerade darum, weil die Päbste alles haben wollten, „Herrschaft über die Welt, und Herrschaft über die Ge„wissen, ihnen gar nichts gebühre; und so viele Reiche und „Länder glaubten es ihm. Damit aber auch meine Leser „sehen, daß schon damals vernünftige und bescheidene „Theologen ganz anders über Wesalia's Meynungen „und Sätze, über die so sinnlosen philosophisch-theologi„schen Spitzfindigkeiten, und den ganzen seichten Wörter„kram urtheilten: beschließe ich diese Geschichte mit den „eigenen Worten desjenigen, den ich ihren Anfang her„sagen ließ.“

„Bey dieser Untersuchung des Wesalia's war ich „selbst unter dem Erzbischofe Diether gegenwärtig, der „die Theologen von Heidelberg und Kölln berief, und „schreibe dieses hier in Mainz. Wesalia war lange „gefährlich krank, und doch drang man mit vieler Hitze „in ihn. Einige Sätze leugnete er; andere suchte er aus„zulegen, so gut es ihm dünkte; er selbst entschuldigte „sich mit seiner Krankheit. Den Artikel vom Ausgange „des heiligen Geistes allein ausgenommen, scheint er dieß „strenge Urtheil nicht verdient zu haben. Hätte man ihm „Zeit gegönnet, und vernünftige Rathgeber; wären nicht

„alle seine Richter bis auf einen einzigen von der Sekte „der Realisten gewesen, und die Mönche von einem bösen „Geiste getrieben worden, über einen Weltgeistlichen, be„sonders über jenen zu siegen, der aus ihrem Thomas „nicht viel Wesens machte: so würde man glimpflicher, „menschlicher, gütiger mit ihm verfahren haben. Ich „nehme Gott zum Zeugen, daß der, bis zum Widerrufen „und Verbrennung seiner Schriften, eingeschlagene Pro„ceß dem Magister Engelin von Braunschweig, einem „der größten Theologen, und Johann Kaiserberg, „zween gelehrten und frommen Männern, äußerst miß„fiel; besonders schien es dem Magister Engelin, daß „man mit einem so würdigen Manne zu voreilig zu „Werke gieng."

„Sogar trug er kein Bedenken, zu sagen, daß sich „die meisten seiner Sätze annehmen ließen; er äußerte „sich auch über den heimlichen Groll der Thomisten gegen „die neuern Theologen, und Freude der Mönche, wenn „sie über einen Weltgeistlichen Meister werden können. „Wer anders, als der Teufel, hat dieses Unkraut unter „die Philosophen und Theologen gestreuet? Herrschet doch „unter denen, die dem Thomas, dem Duns Scotus, „dem Marsil zugethan sind, eine so große Zwietracht, „daß, wenn einer die allgemeinen nicht für dingliche „Begriffe hält, man ihn eben so ansiehet, als habe er „gegen den heiligen Geist, gegen Gott, gegen die christliche „Religion und das gemeine Wesen gesündiget."

„Woher kömmt diese Geistesblindheit, als vom „Teufel? Der macht unserer Phantasie ein Gaukelwerk „vor, daß wir außer Acht lassen, was nützlicher, besser, „den Sitten, den Tugenden, dem Seelenheil dienlicher „ist. So ziehet er uns zu diesen unnützen Dingen, zu

„leeren Grübeleyen über gedankenlose Hirngespinnste hin„über, die uns weder zur Andacht gegen Gott, noch zur „Nächstenliebe anfeuern. Darum stiften wir weniger „Nutzen in der Kirche Gottes, und der Christeneifer scheint „nicht zu- sondern täglich abzunehmen.“ *a*)

VIII. Eine nothwendige Folge aller dieser Anstalten war eine Verfeinerung, und, wenn man will, eine Veredlung der Sitten. Nachdenken, Scharfsinn, Witz, Geschmack, bürgerliche Weisheit, Gefühl für Recht, Mitleiden gegen Nothleidende, gemeine Hülfe, Muth und Tapferkeit leuchtet aus vielen Zügen des Mainzer Charakters hervor. Die Erfindung der Buchdruckerey, der rheinische Bund, die Rachtungen und Verträge, der Kampf für Freyheit, die Anhänglichkeit an die Kurfürsten Heinrich und Diether gegen Arnold und Adolph geben die deutlichsten Aufschlüße darüber. Auch mußten die Mainzer Mädchen und Frauen der Zeit ganz sittliche und häusliche Geschöpfe und Gattinnen gewesen seyn, weil sie Frauenlob vor dem gelehrten Deutschlande lobte, und sie sich nicht scheueten, ihn in einem feyerlichen Zuge zu Grabe zu tragen.

IX. Endlich war die Stiftung des rheinischen Bundes die erste Anlage zu jenem großen Vereine der Menschen, welchen man die Hanse oder die Europäische Republik nennen kann. Alle bisherigen in der Weltgeschichte bekannten Stiftungen großer Reiche und Systeme giengen entweder gleich anfänglich, oder doch bald mißbraucht, auf Unterdrückung und Schändung des menschlichen Geschlechtes hinaus. — Ich will der alten babilonischen, persischen, macedonischen und tartarischen Reiche gar nicht

a) Siehe auch hierüber Mainzer Monatschrift in geistlichen Sachen.

gedenken. Von Mainz aus beginne und endige meine Geschichte. Von meiner Vaterstadt aus sollte durch Drusus der alten Römer Weltmonarchie in unsere nordische Welt verbreitet werden. Sie fiel — denn sie war auf Despotismus gegründet. Von Mainz sollte durch den Erzbischof Richolf eine neue geistliche Weltmonarchie in Europa gepflanzt werden. Sie fiel — denn sie war auf Täuschung und falsche Dekrete gegründet. Von Mainz aus wollte selbst der deutsche Karl eine deutschrömische Weltmonarchie gründen; auch sie fiel — denn sie war auf Kriegsgewalt gegründet. Von Mainz aus ist endlich durch Walpoden die europäische Weltrepublik angelegt worden.— Sie ist nicht auf Despotismus, wie das Römersystem, nicht auf Täuschung, wie das hierarchische, und auch nicht auf Krieg, wie das Karolingische, gebauet — sondern auf Freyheit, auf wechselseitiges Bedürfniß, auf Frieden, und die ewigen Rechtsgrundsätze der Natur. Sie steht noch, und wird so lange stehen, als die Menschen vernünftige Thiere bleiben.

Wir haben nun die Lage unsers Vaterlandes in fünf verschiedenen Epochen, und unter fünf verschiedenen politischen Systemen gesehen, und ich hoffe dadurch jedem meiner Leser Stof genug zu Betrachtungen gegeben zu haben.

In der ersten Epoche war das Mainzer Land ein Theil des großen deutschen Völkerbundes, welcher im Frieden Allemannien, und im Kriege Heermannien genennt wurde. In diesem Verhältnisse mochten wohl unsere Väter als freye Kinder der Natur ihr Leben ganz froh dahin gebracht haben. Da aber der Mensch von der Natur selbst nicht immer für den rohen Zustand der Wildheit bestimmt ist, so war es ganz natürlich, daß eine solche Verfassung bald der bürgerlichen Ordnung weichen mußte.

In der zweyten Epoche sahen wir unser Land als einen Theil der großen römischen Weltmonarchie; und Mainz als die Hauptstadt der Provinz von Obergermanien — (Metropolis Germaniae primae). Diese Verfassung konnte zwar unter einem Trajan oder Mark Aurel für das Menschengeschlecht beglückend seyn; allein für die wohlthätige Regierung eines Mark Aurels mußte die römische Welt auch wieder die Bedrückungen von fünfzig Tyrannen erdulden. Wie war es auch möglich, daß der noch seine alte republikanische Form liebende Römer, der an Denkfreyheit gewöhnte Grieche, und der erst aus dem wilden Zustande getretene Deutsche alle nach dem Willen eines einzigen Despoten, sey es auch ein Trajan oder Mark Aurel, sich richten sollten? Alle Disputir- und Systemsucht der Griechen, alle politischen Kräfte der Römer, und alle Andacht der Deutschen giengen in die christliche Kirche über. — Es entstund eine christliche Hierarchie — und die tapfern Deutschen theilten das Reich unter sich.

In der dritten Epoche finden wir unser Vaterland als einen Theil des rheinfränkischen Herzogthums unter einem deutschen Kaiserthume wieder, und Mainz als die Hauptstadt des östlichen Frankreichs (Metropolis Franciae orientalis). Die Anlage dieses neuen Staatskörpers schien zwar durch die Gau- und Distrikteintheilung so ziemlich gut, und der wechselseitigen Sicherheit und Freyheit günstig zu seyn. Allein das System der Landwehre und Kultur war nicht stark genug, um dem Systeme der Fehde und des Aberglaubens zu widerstehen. Alle bürgerliche Gewalt und Wissenschaft wurde sonach gleichsam als ein

Recht und Monopol unter die Fehdeleute und Geistlichen zertheilt, und dem gemeinen Manne blieb nichts übrig als Sklaverey und Dummheit. Ein solcher Zustand konnte nicht dauern. Das Volk mußte über kurz oder lang seiner Bedrückungen müde werden — selbst die Kaiser und Könige halfen ihm, weil ihr Ansehen durch eine solche Verfassung zerfallen war, seine Ketten lösen.

In der vierten Epoche wurde unser Land ein geistliches Kurfürstenthum, und Mainz der Hauptsitz des weitläufigen erzbischöflichen Gebietes. Die Hierarchie hatte ursprünglich zwar einen ganz guten Grund; denn sie war auf Bruderliebe — und freye Wahl der Kirchen gebaut. Allein da in einer Theokratie oder Hierarchie die Privatmeynungen und Privatpolitik so leicht zu göttlichen Wahrheiten und Gotteshaushalt (iuris divini) gemacht werden, so wird bald ein System der Unterdrückung daraus, was noch ärger ist, als weltlicher Despotismus. Wenn eine solche Verfassung bestehen soll, muß sie auf Grundsätze gebaut seyn, welche alle vernünftige Menschen annehmen können. Da nun der römische Hof in geistlichen und weltlichen Dingen unbedingten Gehorsam foderte, und doch in solchen Dingen nicht überall Recht und die Oberherrschaft behaupten konnte, so geschah es, daß das Reich Gottes mit dem Reiche der Erde nicht allerdings zusammenstimmte. Ein auf Privatmeynungen und auf Privatinteressen eines einzigen Hofes oder Standes gegründetes Gebäude mußte über kurz oder lange verfallen. Die Mainzer Erzbischöffe Siegfried, Heinrich III, und Diether waren gerade die Männer, welche dieses System am ersten angriffen und erschütterten.

Endlich sahen wir in der fünften Epoche unser Land im rheinischen Bunde, und Mainz als die Stifterin desselben.

Diese Verbündung war auf solche Grundsätze gebaut, welche alle Menschen, sie seyen von einem Lande, einer Religion, einer Sekte, einem Klima, oder einer Regierungsform, von welchen sie wollen, annehmen müssen. Dann

I. war ihre Absicht nicht, irgend eine religiöse oder philosophische Privatmeynung, Privatform, Privatsymbol, Privatgebrauch rc. durchzusetzen, oder geltend zu machen; sondern eine jede Stadt brachte durch den Handel die Produkte, Entdeckungen, Erfindungen rc. ihres Landes rc. öffentlich, friedlich, frey, freundschaftlich zu einer andern, und diese gab ihr, wenn es ihr Gefallen und Interesse war, die Producte, Entdeckungen, Erfindungen rc. ihres Landes dagegen. Man hat, so lange der Hansebund dauerte, nie gehört, daß eine der verbundenen Städte eine andere bekriegt, verfolgt, oder verbrannt habe, wenn sie ihre Religion, oder Gebräuche, oder Erfindungen, oder Waaren nicht annehmen wollte. Im Gegentheil, es war dem Italiäner daran gelegen, dem Niederländer die Erzeugniß und die Verarbeitung der Wolle zu lassen, damit sie die Verarbeitung der Seide behielten. Beyder Vortheil war es also, einen jeden bey dem Seinigen zu erhalten und zu schützen.

II. Konnte auch Eroberung, Krieg und Herrschaft nie ihre Absicht seyn — sondern Gerechtigkeit, wechselseitiger Schutz und Friede. Die Abweichung von diesem Zwecke war eben ihr Untergang. Der Hamburger würde sich offenbar selbst geschadet haben, wenn er den Venetianer, und der Genueser, wenn er den Antwerper hätte bekriegen und unterjochen wollen. Denn hätten die ersten den Krieg in die italiänischen Länder gespielt, so wären dadurch die Maulbeer- und Citronenbäume umgerissen worden; und würden die Italiäner in die nördlichen Länder mit Feuer und Schwerd eingedrungen seyn, so hätten sie die Flachs- und Hanffelder verwüstet, und die Schafszucht aufgehalten. Der Niederländer würde auf diese Weise keinen Absatz seiner Produkte in Italien, und der Italiäner keinen für die seinigen in Norden gefunden haben. Man hat daher auch nie, so lange der Bund beysammen war, von solchen Unternehmungen gehört. Im Gegentheil giengen ihre kriegerischen Expeditionen nur auf wechselseitigen Schutz und Unterstützung. Mainz war die Stifterin und Lübeck die Fürstin dieser Bündnisse. Aber nie ist es den Bürgern dieser Städte eingefallen, wie weiland Rom oder Sparta, ihre Mitschwestern zu erobern, oder sich unterwürfig zu machen. Die Fehden der italiänischen Städte unter einander schadeten eben denjenigen, welche sie angezettelt hatten.

III. Waren diese Bündnisse das bequemste und einfachste Mittel, das größte Problem in der Politik aufzulösen, nämlich wie man die Anstalten für die innere Sicherheit mit jenen für die äußere so verbinden könnte, daß keine die andere in ihren Wirkungen hemmten.

Die alte Geschichte scheint uns nur das traurige Alternativ zu geben. Die Staaten waren entweder frey, aber klein und ohnmächtig, sie hatten also keine äußere Sicherheit; oder sie waren despotisch regiert, und groß, und hatten also keine innere Sicherheit.

Der rheinische Bund schien unter allen bisher bekannten politischen Systemen allein beyden Nachtheilen ausgewichen zu seyn. Eine jede Stadt hatte all die Freyheit, Selbstständigkeit und Autonomie, welche zur Errichtung eines ordentlichen Regiments, einer genauen Uebersicht ihrer Bürger, und überhaupt zur Erhaltung der innern

Sicherheit nothwendig war. Sie wählte sich selbst ihre Magistrate und Beamten, richtete sich selbst, und schätzte sich selbst; und wir haben oben an der Geschichte unserer Vaterstadt gesehen, daß trotz der anhaltenden Eifersucht, des Hasses und der beständigen Streitigkeiten zwischen den Alten und Gemeinen doch binnen einem Zeitraume von dreyhundert Jahren wenige Bürger ihrer Güter, und noch wenigere ihres Lebens gewaltsam beraubt wurden: ja daß während diesem Zeitraume die Industrie, die Kunst, die Gewerbe und der Handel in der größten Blüte waren.

Indessen waren doch alle diese kleinen und an sich unbeträchtlichen Republiken durch ihr wechselseitiges Bündniß stark genug, sich gegen die Anstalten mächtiger Krieger und Eroberer zu schützen. Dieser äußere Schutz war auch nur der einzige Zweck ihrer Verbindung — und dieser Zweck kann auch nur, falls die Menschen glücklich untereinander leben wollen, der einzige Punkt seyn, worin sich alle Menschen berühren. Alles andere ist und muß Privatzweck, Privatmeynung, Privatgesetz und Privatbündniß seyn und bleiben.

Diese Geschichte meines Vaterlandes führt mich auch auf eine Menge politischer und philosophischer Betrachtungen, welche ich auf eine andere Zeit und zu einer andern Schrift versparen will. Schon in dem Werke über die Europäische Republik habe ich die Anlage dazu gegeben.